赤穗忠臣藏

第一部　本事

第二部　刀傷事件

第三部　繳城

第四部　蟄伏

第五部　餘緒

小序

這本書的寫作，大致起源於三個思惟。

其一，過去，我有一段時期比較集中在日本幕府時代——尤其是德川家統治的江戶時代的研究。那麼，自然而然的，對影響日本人至鉅的「赤穗忠臣藏」就有了一些瞭解和心得。

「赤穗忠臣藏」裏四十七名武士之堅忍卓絕的爲他們的主公復仇，其核心價值除了「忠」這個字以外，應該可以舉出：「榮譽」和「使命感」兩種精神。

就在不久之前，台灣一名派駐日本的外交官，因爲某一個偶發事件而自盡了。之後，衆說紛紜、莫衷一是。筆者根據那一位外交官的背景資料來推測，極有可能是在：「個人榮譽」和「使命感」的驅使下輕生的。（也在那不久以前，日本「理化學研究所」一位學者（原京都大學教授），因屬下論文牽涉不當使用資料而上吊自盡。）但是，台灣看不到這樣的理解或解讀。筆者勇敢的跳出來說明這一點，並表示敬佩。

其二，有關「忠」的基本精神、日本心目中頗爲不同，吾人有必要深入瞭解。

日本人之大量吸收漢唐文化，逐漸建構他們的文化系統。當然，中華文化中的：四維八德，乃至「十三經」等古代典籍，都完整的傳播到東瀛。但日本人頗具有創新、改進的特長，所以出現了許多分歧或進步。（服裝的改進是一個具體事例）

在十二世紀出現了第一個「幕府」（鐮倉幕府）以後，日本人的「忠」已不再是「忠君愛國」的「忠」，而是爲「集團」頭目的「忠」。之後，在室町幕府、江戶幕府時期亦然。

雖然，一八六八年明治天皇重新拾回統一政權；但是在另一方面，六百餘年的幕府時期的生活模式或精神倫理已滲透到民間。而且，當新興的西方資本主義發展到日本時，大企業紛紛建立起來，所謂「四大財團」（三井、三菱、住友、安田）乃至「五大商社」，公司員工動輒數千人、乃至數萬人，而很少有創業者家族成員壟斷公司經營的現象。（二〇二一年，「伊藤忠商事」創業者之孫伊藤公平就任慶應大學校長而非伊藤忠社長。）這其中緣由：應該肇源於對「集團」的「忠」。要瞭解大多數日本人何以甘願守在一家公司一輩子，其原因正是如此。（這與歐、美企業頗爲不同）

「赤穗忠臣藏」正是對「集團」盡忠的典型，並且對後世的日本人也有直接影響。

另外一個一般人比較沒有詳細討論的問題是：日本人在血緣、非血緣關係上的認知（或實踐）與漢族華人頗爲不同。華人幾乎執著於「血緣」關係，因此，雖然有「養子」、「婿養子」（招贅）習俗，但兩者在家族、宗族中沒有地位，甚至沒有財產繼承權。日本在幕府時代，由於權力結構問題，武士家爲了保有權力基礎（含封地），屢有「養子」、「婿養子」的案例發生。而在日本方面，最大的不同乃是：雖然拋棄出生家族姓氏，但是卻完全繼承新家族的權位和財產。令華人大爲不解的是：此時，原有的血緣關係人（子、孫）可能因此喪失了地位和財產。

何以要討論這種社會現象？我以爲這些基本概念和現今日本社會仍有密切關聯。雖然世界上仍然許多民族堅固的嚴守「血緣」制度，但隨著社會結構的變遷，這種既有概念是否可以做一些調整，似乎值得深思。

這一本《赤穗忠臣藏》當然還透露了許多生命、生活的故事。筆者倒是基於上述三個問題而開始執筆的。

謹序。

本書內文主要參考以下各書：

◆福本日南：《義士大觀解說》

◆船戶安之：《赤穗武士》

◆小學館版：《實錄四十七士》

◆西山松之助監修：《圖說、忠臣藏》

導言

影響日本人至鉅的「忠臣藏」

一九九四年的「東京影展」，日本老牌導演市川崑的作品被列爲「評審團特別獎」。

市川氏的作品乃是以十八世紀初發生的一次歷史事件爲主題的「忠臣藏」，是日本人家喻戶曉的歷史故事。也許有人認爲市川氏的作品只是炒陳飯；可是這一段故事已經不斷被編寫成小說、戲劇等長達兩百餘年；以過去發展情況而言，今後似乎還會不斷有各種形式的文學作品出現的。

一次歷史事件被後代人熱烈地重複敍述流傳下去，永不間斷，同時又產生數量龐大無比的文學、藝術作品，在任何文明社會裏似乎還找不到相同的例子。倘若明白指出，這一次歷史事件的關係人物到今天爲止，他們的是非曲直，依然被日本人討論著，那就更加不可思議了。

如此特別的歷史故事，只在清末一度曾被介紹到中國。但對大多數中國人而言，根本不知道整個故事的緣由以及它對後世造成什麼影響，這眞是令人感到惋惜。

潘乃德（RuthBene-dict）在她的名著《菊花與刀》一書中，提到了「忠臣藏」時是如此分析的：「它在世界文學中的地位雖然不高，卻無比強烈地扣動日本人的心弦。每個日本兒童都知道這個故事，不僅知其梗概，而且孰悉其細節。它不斷傳佈、翻印並被拍成電影而廣泛流傳。四十七士的墓地長期成爲著名聖地，成千上萬的人前往憑弔致祭，憑弔者留下的名片使墓地周圍變成一片白色。」（引用商務版，呂萬和譯文）於此也可以想像「忠臣藏」影響力之一斑。

「忠臣藏」相關的事件要從日本元祿十四年，西元一七〇一年（淸聖祖康熙四十年）說起。這時候距離德川家康建立「德川幕府」（西元一六〇三年）已將近一百年，執掌政權的是德川氏後代──第五任「征夷大將軍」德川綱吉。「幕府」所在地是江戶，也就是現在的東京。

依照「幕府」慣例，新年時應派遣高階武士代表「將軍」

前往京都向天皇拜年，稍後天皇再派遣文官代表來到江戶向「將軍」賀歲。

這一年，「幕府」派吉良義央於一月十一日出發，到達京都後，於一月二十八日會同京都的一名「幕府」官吏進入皇宮拜年。吉良於二月二十九日返抵江戶。

大抵是相同時期，武士淺野長矩於二月四日奉命負責籌劃接待京都來的文官。「幕府」同時宣布另一名武士伊達宗春協助淺野長矩做好這一項工作，兩人並由吉良義央加以指導。

吉良義央不僅年齡、經歷超過淺野、伊達，在「幕府」中的地位也比兩人重要。吉良雖然沒有自己的領地，卻是相當於四品官的「高家」，而淺野長矩卽使領有五萬石封地「赤穗城」（在現在的兵庫縣），官位只是「五品下」而已。

在準備過程中，淺野長矩和吉良義央發生了一些嫌隙，傳說的原因很多，但淺野年輕氣盛，涉世未深（當時三十五歲），無形中種下了殺機。

三月十一日來自京都的貴賓抵達江戶，他們是東山天皇使節柳原資廉（權大納言）和高野保春（權中納言）以及靈元上皇（天皇之父）使節清閒寺熙定（權大納言）。在預定行程方面，三位貴賓於十二日進入「將軍府」（卽「幕府」）代宣天皇、上皇之旨意；十三日三人接受「將軍」主持的宴會；十四日則安排「將軍」（德川綱吉）正式會晤三位貴賓。三月十七日三人由江戶返回京都。

在淺野長矩內心中雖然早存在著不平，但是當來自京都的貴賓到達時，貴賓的飲食、起居，乃至進入「將軍府」接受的邀宴，在前幾天還算順利達成。然而，十四日上午，也就是「將軍」正式晤見京都貴賓的這一天，在貴賓到達之前，淺野長矩竟深藏一把短刀，在會客的場所附近刺殺吉良義央。

淺野的暴行立刻被「將軍府」內其他武士制止。雖然吉良只是輕傷，但他公然在將軍府中帶刀行兇，又是以下犯上，所以被視爲現行犯，馬上被遣往「右京大夫」田村建顯府邸等待處置。（這是江戶時代處置武士的方式）傍晚以前，「幕府」下令淺野長矩切腹自盡；六時許，淺野依武士切腹儀式自殺，其部下將淺野的遺體安葬於泉岳寺。

第二天，「將軍」下令淺野長廣（長矩之弟）繳出「赤穗城」，同時撤銷所有官職，並繳回領地——這是武士最嚴厲的處分。

針對「幕府」的決定，「赤穗城主」淺野長矩的一百餘名部下（武士）內心沸騰，大家決定誓死護城；不久，情緒稍稍穩定以後，以第一號部下（家老）大石良雄爲主的一批武士決定日後集體爲主公復仇；其他人則紛紛離去。四月十九日上午，由大石良雄正式將「赤穗城」交還「幕府」之代表。

從此以後，大石良雄等人大多隱姓埋名，散居各地；但暗中卻維持著密切的聯繫，忍耐著等待復仇之日的到來。

第二年（西元一七〇二年）的十月，同志紛紛由各地來到江戶。原本決定十二月五日進行復仇行動，旋因故延期，改在十二月十五日行動。

十四夜晚，同志分別到主公墓地（泉岳寺）參拜（集體行動容易引人注意）；十五日凌晨四時，大石良雄帶領四十六人侵入吉良義央的邸宅，順利完成復仇行動，取下吉良首級；天亮後，衆人來到泉岳寺，在主公墓前報告已完成復仇行動，大石指派其中一人返回故鄉報告一切。

在離開吉良邸宅時，大石良雄派吉田兼亮、富森正因兩人前往「幕府」官吏仙石久尚（官名「大目付」）住處自首，請求仙石久尚報告「幕府」，衆人則在泉岳寺靜待處分。

當天（十五）晚上，仙石久尚傳達「幕府」命令，四十六人暫時由細川、松平、毛利、水野四位「大名」（領主）看管。二月三日，「幕府」命令四十六人切腹。二月四日下午，四十六人奉命自盡完畢，是夜，全體葬在泉岳寺。

這一次武士集體復仇事發生在日本元祿年間，因此後世有所謂《元祿快舉錄》；參加的是四十七人，所以又有「四十七刺客」的說法。事件後不久就出現了劇本《假名手本忠臣藏》，因此又以「忠臣藏」之名流傳後世；又因爲他們原本是「赤穗」領地的武士，才有「赤穗義士」之說法。

元祿年間的這一次武士復仇事件留下了太多的難題。其中有些難題不僅當時沒有定論，甚至將近三百年來一直不能得到定論，此後可能還要繼續討論下去。

最大的問題是：四十七武士爲主公復仇是正當行爲嗎？如果是，爲何「幕府」將他們處死？接下來的問題不勝枚舉，例如：淺野長矩雖然犯錯，卻並非直接冒犯「幕府」；處死、取銷封地是否太嚴厲？而另一個當事人吉良義央完全沒有責任嗎？爲何他依然逍遙法外……。

在德川家統治日本的三百餘年之間，忠貞武士爲主公復仇雪恥的事件並不少見，爲何日本人情有獨鍾，只對「赤穗義士」

如此傾倒呢？——就整個事件的前因後果加以仔細推敲，最大的關鍵應該是「幕府」似乎不宜將四十六人處死。由於他們的死，故事流傳到民間之後，引發強烈的悲憤和不平；更因爲在事件後的四十七年（西元一七四八年）首度上演了影射四十七武士舞台劇（假名手本忠臣藏），從此，推波助瀾，不僅事件本身一再被敍述流傳，淺野長矩在「幕府」之殺人，四十七武士復仇之舉以及事前的準備等，一再被挖掘新的歷史材料，人人也樂意一遍又一遍深入去了解和轉述。

例如，在淺野長矩被處死以後，一位重要「大名」松平綱長正式提出抗議，指責當天負責看管淺野自殺的莊田氏堅持讓淺野在院子裏的泥土地上自盡，完全沒有考慮淺野生前地位。莊田氏因此立刻被除去在「幕府」內的官職。

又例如，在淺野長矩奉命切腹後，其弟長廣被告之處置情形，並返家報告兄嫂。淺野夫人在震驚中保持冷靜，詢問關係人吉良義央如何處置？淺野長廣回答：不知道。淺野夫人正色的斥責他：你身爲武士，又是長矩之弟，居然毫不關心，眞是豈有此理！淺野夫人當天晚上剃髮奔回娘家，從此拒絕和淺野長廣來往。

另外，在事件後，原赤穗武士岡林木之助以未能參加復仇行動，深感愧對主公，所以自己切腹自殺；另一名老者小山田一閑（八十一歲）更因為其子未能加入復仇，覺得是奇恥大辱，事件後不久也自盡身亡。

類似的歷史枝節一再被尋覓、挖掘，如今已累積為龐大無比的材料，今後似乎依然不會減少對這個故事的熱度。

在官方方面，事件後已逐漸緩和處分，甚至開始尋求補救手段。四十六武士被處死之同時，「幕府」下令他們的兒子流放外島；但是，三年後被赦免無罪。西元一七〇九年，淺野長廣（長矩之弟）也被赦免，翌年奉命恢復武士身分，西元一七一三年，大石良雄嗣子大三郎奉令成為武士，食祿一千五百石。

當事人之一的吉良家後代則被撤銷官職、封地，從此不見天日。

「幕府」政權結束後的明治元年（西元一八六八年），天皇頒下詔書一紙，肯定了四十七人的壯舉，可謂為此一樁長久的爭議畫下句點，詔書內容是：

「汝良雄等，固執主從之義、赴死復仇，使百世以下之人感奮興起；朕深嘉賞焉。今因幸東京，遣使權弁事藤原獻弔汝等之墓，且賜金幣。特宣。明治元年戊辰十一月五日」。

事實上，事件發生後，雖然也有儒學者荻生徂徠認爲淺野長矩是一名「不義」的城主，四十七武士爲「不義者」復仇當然也是「不義」的行爲。但在此前後卻也有室鳩巢寫過《義人錄》，三宅觀瀾著書《烈士報鮮錄》。在近世，後藤新平（曾任台灣民政長官）肯定四十七人的行爲乃是「燦爛的武士道花朶」；犬養義推崇他們的犧牲精神；大隈重信指出淺野的部下保有忠孝、節義、勇氣、廉潔的優點，可歌可泣。而牧野伸顯更說此一事件背後的精神乃是日本的「國寶」，曾任東京師範校長的嘉納治五郎也說道這一次事件屬於「最上之道，最上之行」。

對日本文化的發展而言，「忠臣藏」豐富了文學和藝術，而且依舊還有取之不盡、用之不竭的體材。

自從事件發生後不久出現了《假名手本忠臣藏》，它連續二百多年不斷重覆上演，如今已成爲日本三大歌舞伎之一，而且每年新年必定要上演一次。也被改編成電影、電視劇、舞台劇、落語（單人相聲）……等表演藝術。

由於「浮世繪」在四十七武士復仇事件前後十分興盛，這次事件自然而然成爲最佳的取材對象，歌川豐國、歌川國芳、歌川國貞、豐原國周、歌川國明等人留下了無數傑作流傳人間。（早稻田大學出版之《忠臣藏》蒐集十分完整）

最精采的大約是小說。根據估計，截至目前爲止，以「忠臣藏」爲題材的小說超過五百種。任何一位成名小說家幾乎都寫過一次，吉川英治、芥川龍之介、菊池寬、尾崎士郎、直木三十五、海音寺潮五郎、柴田鍊三郎、永井路子、南條範夫、森村誠一、舟橋聖一、小松左京、早乙女貢……，等人都有精采作品傳世。一九九二年，池宮彰一郎寫的《四十七刺客》居然又成爲暢銷書。

本世紀初曾有一名日本文人寫詩歌詠復仇事件，其中有詩句：「千秋詩文亦小枝、丈夫所志忠孝耳、君父仇不共戴天、偉哉四十七雄士……」。四十七武士在日本人心目中的地位於此可以想見。

據說日本將領乃木希典少年時代每個月都由乃父帶來參拜義士墓三次，所以明治天皇逝世時，他毅然爲天皇切腹殉死。看來，「忠臣藏」對日本人的影響將延續擴散下去。

（本文刊登於一九九四年十月二十三日《中央日報》）

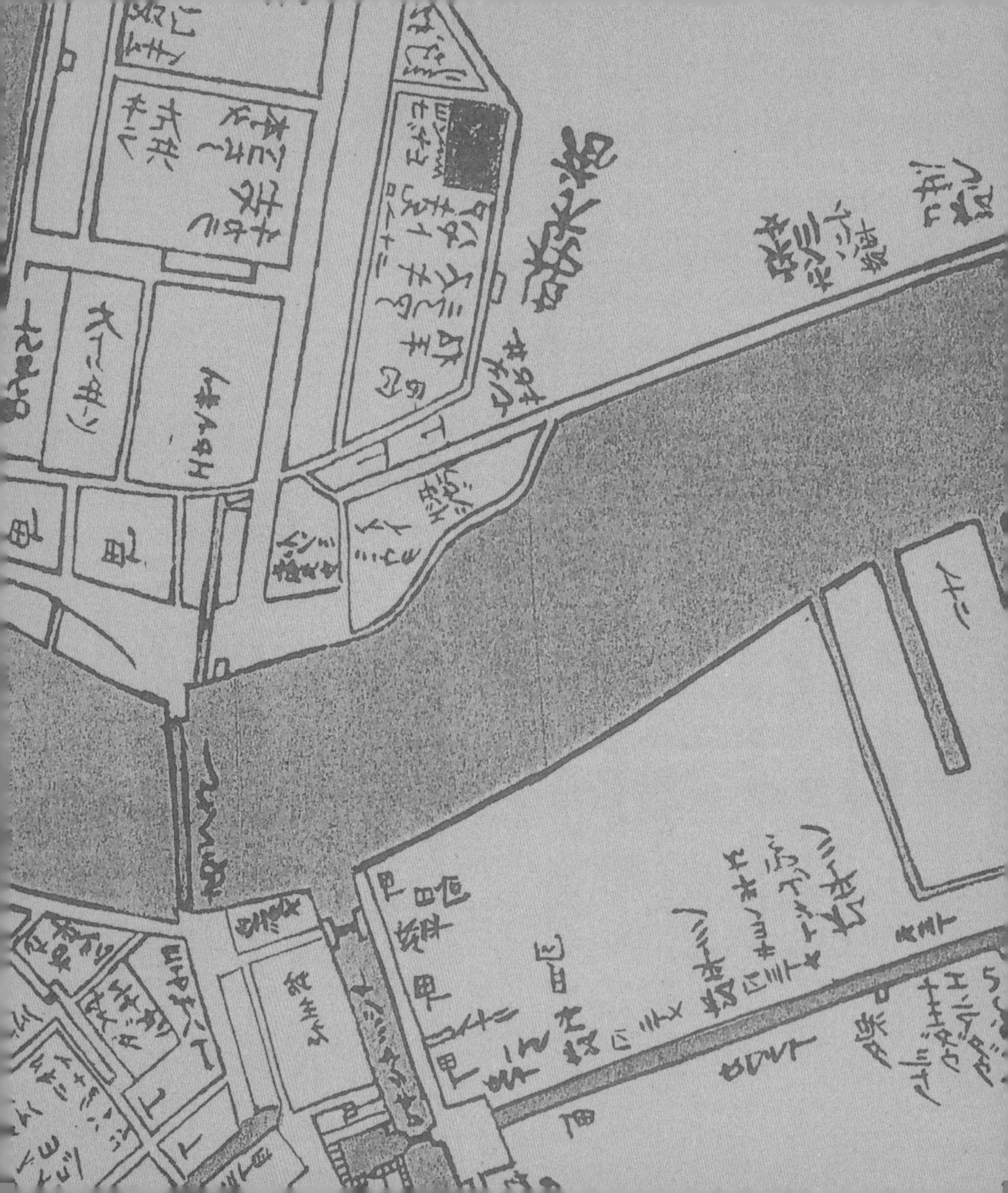

第一部

本事

一、夜襲

元祿十五年十二月十四日深夜[1]，四十七名赤穗武士在這之前、由各地悄悄的集結到江戶（今東京），就在今夜，他們準備好斬殺一名高階武士吉良義央，爲主公淺野長矩復仇。

前一天，江戶下了一場大雪，白雪尚未融化，在月光下，雪地上皚皚發光。

一行人循著小路，靜悄悄的來到本所（地名）附近，在統率者大石良雄的指揮下，各自承擔不同任務。

爲了避人耳目，全體著滅火隊服裝[2]。

凌晨、天氣寒冷、而四十七人心中卻十分沸騰——等待一年多的日子終於來到。身爲一名武士，此仇不報非武士！

復仇對象的吉良義央雖然沒有封地，但因爲位階較高，所以官舍是一處長方形的豪宅。同時也配有安全人員。

在大石良雄的指揮下，前門配備了二十三人，各自帶著不同武器。在大門外，先刻意呼喊：「火災、火災，開門開門！」但守門的開了門一看，似乎有些警戒，馬上又關閉。

這時候，他們自然是有備而來的。在言語交涉之前、大高源五、間十次郎、原惣右衛門等人已用攀繩潛入吉良義央的宅邸內，並將守門員綁在門柱上。

按照武士的行事風格，復仇行動前，已準備了一份昭示牌，立在吉良宅門外。表明復仇的原因，並說明只針對吉良義央父子兩人，其餘人等，基本上不是復仇對象。

這次復仇行動，事實上是用心準備了一年多。不僅每個人不敢鬆懈的鍛鍊身體，帶頭的幾個人，更加勤研日本劍客宮本武藏的武學理論以及兵學理論家山鹿素行（他也是淺野長矩的兵學老師）的作戰方法。其中核心精神是學習宮本武藏主張的「打好戰鬥基礎」以及山鹿素行的「知己知彼」（熟知敵情）的重要性。

1：「元祿十五年十二月十四日」：西元一七〇二年，清康熙四十一年。屬農曆。（日本自一八七二年採行西洋曆）

2：「滅火隊服裝」：著滅火裝的另一個理由是，赤穗城主「家老」大石良雄的祖父大石良直曾擔任滅火隊統率，並因績效突出而聞名。又，後來的畫家各自畫出不同的裝束和面貌。

整個復仇行動，可以說在「只准成功」的計劃中順利進行，並且排斥了意外事件發生。

兵力的配備分爲：

◆侵入宅邸小組

◆屋外戒備小組

◆大門戒備小組

——各組將老年、青年人員混合搭配。其中如父子檔的堀部彌兵衛、堀部安兵衛兩人拆散，分別配置在大門及後門。其餘各組人馬立刻就戰鬥位置。

雖說吉良宅邸內成員一直懷有戒心；然而，以大石良雄爲首的四十七人，可以說已經長期「臥薪嚐膽」，每個人的堅決毅力，正是要充份發揮在這一天。

人員配備如下：

◆攻入宅邸內部——片岡源五右衛門、富森助右衛門、武林唯七、奧田孫太夫、矢田五郎右衛門、勝田新左衛門、吉田澤右衛門、岡島八十右衛門、小野寺幸右衛門（九人）。

◆門外警戒——早水藤左衛門、神崎與五郎、矢頭右衛門七、大高源五、近松勘六、間十次郎（六人）。

◆監視小組（防備敵方逃走）——堀部彌兵衛、村松喜兵衛、岡野金右衛門、橫川戡平、貝賀彌左衛門（五人）。

另外，在後門方面，以大石主稅為首，共配置二十四人，隊伍最後面由吉田忠左衛門和小野寺十內守備。

攻入吉良宅邸的衆人，自然會遭遇到吉良家的屬下或佣人。雖然有少數人勇敢的反抗，但究竟寡不敵衆，大多死在刀下。

這次行動最大的變化是——一年前，帶頭的大石良雄原本宣佈：「不論男女老幼、一律論斬！」可是，到達現場以後，臨時規定，孩童、女人一律不得殺害。

在逐一搜索過程中，在大廚房看到有一個好大的醬油桶，由持著長槍的向裏面捅了幾次，最後桶子傾倒時，卻跑出一名哆哆嗦嗦的小和尚，居然沒有受傷。眞是命大！

有一部份房子內烏七八黑，行動不便，後來幸運的取得蠟燭，才解決了問題。

面對玄關的大堂（廣間），當天有三人負責值夜：左右田源八、小堀源五郎以及來自上杉家的新貝彌七。三人並不知道復仇事件會在當天夜晚發生，所以，當有人殺進來時還穿著睡衣。何況對方是有備而來的，前兩人無法抵抗而陣亡，新貝彌七則負傷逃走。

一行人之中，攻入宅邸內分別採取行動。但因爲是夜晚，難免看不清敵我。武林唯七、片岡源五右衛門、富森助右衛門這一小組，正面遭遇一名少年，由於原則上不殺婦女、孩童，就放他一馬，沒有砍殺他。天亮後，看那少年丟下的武器居然有吉良家家徽，才恍然大悟：原來那名少年乃是吉良義央的養子左兵衛（義周），原本不該放過他的。——但已後悔莫及。

此次復仇行動還有一段小插曲。原本是赤穗藩家臣的不破數右衛門，五年前因與領主淺野長矩意見不合而自行離職到江戶。可是，偶然在復仇行動前得悉這一大隊人計劃爲主公復仇，於是堅決也要加入，並獲得帶頭的大石良雄的同意。由於他的勇敢和志向，攻入宅邸後，迅速殺了吉良義央的三名部屬。

重頭戲的吉良義央男主角所在，事先已調查清楚。所以兵力集結到他的寢室。但衆人卻看不到吉良本人的踪跡。

有人將手探入被窩，發現被窩裡還有些溫暖——這可以確定他逃離不久。

於是開始搜索：榻榻米下面、屋頂、浴室、廁所……一一搜尋。但卻沒有人影。

衆人在慌張中，較有社會經驗的吉田忠左衛門朗聲說道：

「門外看守這麼嚴密，絕不可能逃走的。一定還在宅邸內的某處！」

很有道理。自攻入宅邸內，已過了一、兩個小時，一切的努力只爲了今天，所以絕不能輕言放棄。

當一小隊人搜索到堆放木炭的房間時，似乎傳來唏唏嗦嗦的講話聲。吉田忠左衛門放大聲音喊著：

「堂堂正正的像男子漢出來比個高下吧。躲在那裏算什麼武士？」

暗黑中對方卻拋出來鍋、盤、木炭！

終於吉良義央的一名屬下淸水一學出現了，勇猛的堀部安兵衛毫不猶豫的一刀將對方砍死在地。

在黑暗中，吉良義央的兩名屬下神源五郎右衛門、大須賀次郎右衛門兩人，知道已無法躲避，只得走出來。一旁的矢田五郎右衛門、三村次郎左衛門迫不及待的立刻將兩人消滅。

放置木炭的小房間中似乎還有人。間十次郎放聲：

「認命吧、快滾出來！」

只見木炭包似乎有動靜。此時用長槍捅了一下，結果跑出一個人手持短刀想抵抗。

在附近的武林唯七立刻向前揮起長刀砍去，對方應聲倒地不起。

於是，武林唯七和間十次郎把死者拖到外面。衆人也都靠過來。

死者下身著白色內褲。年約六十多歲。

「以服飾和年齡推測，應該就是復仇對象的吉良義央。」——吉田中左衛門說了這一句話。

旁邊幾個人也表示認同。之後，四處吹起短笛聲，這是事先約好事成集合的暗號。

死者被拖到南邊的庭院。

四十七人全員到齊，——大家都鬆了一口氣，並且心中有了完成大局的成就感。

爲了慎重起見！帶頭的大石良雄再確認一次。

首先，兩年前在江戶幕府內，主公淺野良矩刀傷吉良義央時，有兩處傷口，一在額頭，一在肩膀上。但此時額頭因被武林唯七砍了一刀而有血跡，看不清楚。於是察看肩膀，果然有一道傷痕。

這時，大石良雄才安心的說：「是吉良義央本人無誤！」

呼應大石良雄的這一句話，衆人仰天長嘯，齊聲說：

「主公呀！我們今天終於爲您復仇了，您看到了嗎？」

◇解說：〈淺野內匠頭家來[1]口上書〉

日本武士在採取復仇行動時，爲了表明行動堂堂正正，也防備萬一事敗身亡，而旁人不知所以；習慣上要準備一份「口上書」（聲討文）。此次行動，已事先準備了這一份資料，由衆人簽名，用竹竿掛在大門外。

原文是日本人學習漢字以後使用的「漢文」，文中大致說明復仇的理由。又，文中多用「候」字結尾，又稱「候文」。

去年三月，內匠頭儀、傳奏御馳走之儀に付、吉良上野介殿へ合意趣罷在候處、於殿中、當座難忍儀御座候て及刃傷候。不弁時節場所動、不調法至極付、切腹被仰付、城池赤穗被召上候儀、家來共迄長久奉存候。受上使御下知、城池差上、家中早速離散仕候。右喧嘩之節御同席御差留の御方有之、上野介殿討留不申候。

內匠頭末期殘念之心底、家來共難忍仕合御座候。對高家御歷歷、家來共挾鬱憤候段、憚に奉存候得共、君父之讐不可共戴天之儀、難默止。今日上野介殿御宅へ推參仕候、偏に繼亡主之意趣之志迄に御座候。私共死後，若御見分之御方御座候者、奉願御披見、如是御座候。以上。

元祿十五年十二月日淺野內匠頭長矩家來

1：「家來」：藩主的所有部下，均屬於「家來」。四十七人即屬淺野家的「家來」。

二、凱旋

終於砍殺了吉良義央。特別是仔細辨別了身體的特徵，已萬無一失。

圍在一起的赤穗武士，人人臉上都浮現一份成就感。——一年多的苦勞、辛酸，乃至內心的悔恨，這時候，像服了一劑解藥似的，一下子輕鬆起來。

帶頭的大石良雄指向間十次郎：「你功勞最大，就由你執行這項任務吧！」

間十次郎大刀一揮，人頭落地。吉良義央的首級用他的上衣包了起來，白衣上滲出了血水，滴在雪地上。

為進一步驗證，特別在吉良邸負責守備大門的三個人找來，要他們確認一下。三人都說：

「確實是隱居[1]的大人！」

大約是內心惶恐、害怕隨時有人來復仇的心理吧，吉良義央身上帶著三個神明護身符。

這時候，也確認一下吉良邸內還有沒有什麼活口。但連呼幾聲都沒有回應。

究竟這一次大規模復仇行動是長期準備，而且人數多達四十七人。一切計劃都考慮再三，經過細心推敲以及現場考察後才定案的。

原惣右衛門、小野寺十內、片岡源五右衛門三個人奉命前往吉良邸附近的土屋主稅以及鳥井九太夫、牧野一學三位武士宅邸門口，朗聲說明：

「此次復仇行動，承蒙貴宅主公厚愛，我等深深感謝！」

事實上，深夜裏騷擾了好幾個小時，這幾家武士宅的人不可能不知道的。不過，他們深知兩年前的淺野長矩和吉良義央之間的糾葛；自然心中有數，因此當天大門深閉，故意裝作什麼都不知道。

大石良雄又指示將吉良義央的屍體搬到他睡覺的床上安置好。接著到後門集合，一一清點人數，四十七名之中，只有數人輕傷，其餘均安然無恙。——這是一次成功的戰鬥！

事後知曉，當晚吉良義央宅邸內人員之中，戰死者十七人，負傷者十四人。

在撤退前，大石良雄下令數人再進入吉良宅邸內，檢查將所有火燭一一滅掉。

此時，天已微亮。四點左右攻入吉良宅邸，此時大約是六點。因爲是冬天，事實天還沒有太亮。

大石良雄考慮很周到。——此時立刻撤退，是否屬適當時機？吉良家、乃至上杉家[2]一旦知曉，會不會立刻派人來報復？一行人此時離開，唯恐被視爲膽小逃走，何況離開現場，一旦眞的發生戰鬥，那會把事情弄得更複雜。

大石良雄決定暫時在附近的佛寺回向院內休息一下再說。但回向院住持並未答應。其一，住持十分瞭解整個事件的來龍去脈，何況出家人以不介入民間是非糾紛爲宜。另一個重要原因，回向院乃是「將軍」德川家綱所建，此時若捲入領主或高階武士之間的糾紛，那就百口莫辯啦。

在交涉和等候過程中，並沒有出現趕來找他們算帳的人。大石良雄決定將隊伍撤退。——第一站是主公淺野長矩的墳

1：「隱居」：是指自官職退位或農、商主人退出第一線經營者位子。

地——泉岳寺。

若搭船順著隅田川東去泉岳寺，倒不失爲快速又安全的一條路線。但船家似乎對衆人的打扮有些不放心，所以不願配合。

不得已，決定步行離開。

步行路線一般是走隅田川西邊堤防比較方便。但是，這一天是十五。幕府內有會議，清晨會有不少大名[3]、旗本[4]經過這條路進入江戶城。萬一他們被遇到，那麼，衆人身上沾的血跡和泥土，勢必會引起注意而帶來麻煩。

改變路線，順著吉良宅邸後面走，過了永代橋，然後依序是：靈岸島、稻荷橋、鐵砲洲、汐留橋、金杉橋、芝，而到達泉岳寺。

隊伍的最前面是：三村次郎左衛門、神崎與五郎、茅野和助，他們都持者長槍。潮田又之丞的長槍掛著吉良義央的人頭走在後面。另外，還有四人護衛著潮田又之丞，以防萬一。這四人是：間十次郎、村松喜兵衛、桐島八十右衛門、奥田貞右衛門。押陣的是大石良雄的兒子大石主稅。而武林唯七和吉田澤右衛門兩人則負責守護大石主稅。

其餘三十六人秩序井然的在這些人後面前進。

一行人來到新橋附近時，吉田忠左衛門以及富森助右衛門奉命前往赤坂、汐見坂下，幕府「大目付」[5]仙石政明（伯耆守）的宅邸，向幕府自首。——據說這是不破數右衛門的點子。

意外的，主人對一大清早來訪並不在意，經屬下通報後立刻出現在玄關，並聽取吉田忠左衛門的報告以及一份復仇行動「口上書」（聲討文）的抄本。

兩人接受仙石政明的提問，並一一誠懇的回答。——這是特別考量過：此兩人應對能力比較好的關係。

「大目付」下令：「爾等暫時全部集合在泉岳寺待命，不得有任何人離開！」

一邊又吩咐屬下招呼兩人盥洗一遍後，招待兩人吃早餐。——仙石政明對他們的行爲顯然是抱持善意的。

隊伍來到金杉橋附近時，大石良雄對磯貝十郎左衛門說：「聽說令堂身體不適，你可以離隊去探望一下！」——大石良雄知道磯貝親哥哥住在這附近，而他們的母親就在這裡養病，

2：「上杉家」：吉良義央之子過繼到上杉家的上杉綱憲。
3：「大名」：領有封地的高階武士。
4：「旗本」：幕府內擔任文職官吏的武士。

聽說病情嚴重。

不料磯貝卻堅決的回答：「多謝長官的好意。但我既然參加復仇行動，內心已有大義滅親的決心。何況萬一上杉家屬下追來，那將如何應對！」

二十四歲的磯貝十郎左衛門紅著臉，有些激動的回答。

既然磯貝如此堅決，大石良雄也就不再說什麼。

天亮以後，路上行人漸漸多起來，一行人的打扮引起一部份路人的注目。

眾人來到三田八幡時，出現了一名離隊的高田郡兵衛。此人原本和堀部安兵衛、奧田孫大夫都是江戶的「激進派」，然而兩年前討論復仇行動時，他不贊成而脫隊。

高田郡兵衛外表看起來一副邋遢的樣子，吊兒啷噹，還持著酒壺向隊伍呼喊：「怎麼樣，不喝一杯慶祝一下嗎？」

眾人老早對他的離隊嗤之以鼻，又看到那一副邋遢相，有人對他吐口水！

隊伍中，年長的堀部彌兵衛姑念過去好歹同事一場，就對高田說：

「我們已經漂漂亮亮的爲主公報仇啦，你老兄也安心吧！我們接受你的好意（帶酒慰勞），酒就由你自己喝吧。」

聽了這一番話，高田無趣的走開了。
隊伍抵達泉岳寺時大約是辰時（八點）。

5：「大目付」：幕府監察長官。

三、就義

一行人進入泉岳寺以前，大石良雄叫住寺坂吉右衛門，吩咐他一項重要任務。——寺坂是這次復仇行動中，職位最低的一人。事實上，也許他是不必參加的。大石良雄的安排，或者有其用意。

大石良雄交代他：

「你現在就離隊回去赤穗報告一切。之後，家鄉赤穗以及大阪一帶，也要一一將事件經過，好好爲他們說明！」

寺坂領了這一項命令，似乎有些失望的直接南下去執行他的任務。大家在門外目送他離開以後，便一一進入佛寺內。

這時候是四十四人。因爲兩人中途去報告幕府高官，而一人被派遣回到家鄉去了。

大石良雄先禮貌上報告佛寺住持：我等絕不做非分之事，並借了香爐和一些線香[1]。

所有人整齊的跪在地上。

潮田又之丞負責把吉良義央的首級在一旁的水井洗去血跡，之後供奉在墓前。

墓碑上刻著：

「冷光院殿前少府朝散太夫吹毛玄利大居士」[2]

大石良雄在最前面，朗聲稟告主公淺野長矩：

「我等同志一行四十七人，今日已將吉良義央的首級帶到墳前，主公的一片悔恨也許就可以消散了。主公您就安心成佛，不要掛念了！」

這時候，淡淡的飲泣聲逐漸擴散，終於成爲一片哭聲。不過，衆人的淚光中倒也有爲主公復仇的一絲絲喜悅。

大石良雄安排以長槍捅出吉良義央的間十次郎領先上香，第二個輪到一刀砍下首級的武林唯七。大石良雄自己也上了香，之後，按身份階級順序，一一上香並跪拜行禮。

完成祭拜儀式之後，佛寺將衆人安排住進兩處：大石良雄

1：「線香」：日本線香以二十枝左右為一把，在其中一端點火後投入香爐，沒有香腳。

2：日本人去世後，習慣上會取一個佛式戒名。

父子以及年長者住進客殿，其餘衆人則住進修行僧（雲水）使用的住處。

此時已過了上午十點（巳刻）。因爲一夜沒睡，又步行了兩小時，大家都有些疲倦。

住持酬山長恩事先已約略知曉事件的底細，因此，在一行人到達以前，早已準備好白米粥，衆人也都不客氣的享用了，飽食了一頓。接著又端出茶水以及茶食，眞令人感激。

不知何故，住持竟也爲他們準備了水酒。大石良雄表示：這千萬不可，令人太惶恐。

但供酒的僧人說是住持特別交代要準備的，放心喝無妨。——這也許是住持爲了慰勞他們一片苦心的吧。

僧人又來告知，熱水也都準備好了，隨時可以去泡澡。經過商量，大家深怕對方聚衆追踪來報復，那麼，萬一正在泡澡，就太不妙。因此，沒人接受這種好意的安排。

但是有一批年輕的人在院子裏烤火取暖和烤東西吃。

在佛寺休息時發生了一個小插曲。那就是每個人在右肩都寫了姓名。可是木村岡右衛門卻寫在左肩，而且是佛教「戒名」。

寺內一名修行僧（白明）一下子就看出其中的奧妙——原

來，木村岡右衛門在行動前已視死如歸，甚至取好「戒名」。即使白明是出家人，對木村的勇氣、志節也十分感動。他說：

「敢問這戒名是那位師父取的？」

木村回答：「乃是播州赤穗正福寺住持盤珪禪師所取。」

一旁的岡右衛門好學不倦，尤其對「陽明學」頗有研究，他就答腔：

「原來是這位高僧所取的呀！」

在交談中，知道了正福寺和泉岳寺同樣屬曹洞宗。

這一來，幾個人開始產生親切感，又問起白明的故鄉是哪裡？結果回答：是土佐（四國高知縣）。那麼離赤穗也不算太遠。

復仇行動既已如願達成，人人的心中輕鬆了許多。聊起種種話題，無所不談。

接下來，向明靈感一動，到屋裡帶來筆墨，要求木村岡右衛門題詩（日本短歌）留念，因爲，一名受到禪師重視的武士，不可能胸無點墨。

起先，木村有些爲難。但是在大家的慫恿下，只好揮筆寫了一首「短歌」[3]。

當木村把寫好的詩句要交給向明時，發現白紙上染了一點點紅色血跡。他表示紙弄髒了，再重新寫一張吧。可是向明堅決的說：完全不必，這張墨跡反而有不同意義！

結果，在一旁的茅野和助、岡野金右衛門、大高源五也都被要求題詩留念。眾人不便拒絕，也分別吟詠一首詩句贈送給向明。

其他寺僧聽到了也紛紛效仿，要求題詩留念。武林唯七、神崎與五郎都寫了。最後，大石良雄也不得不寫了一首。

竟其樂融融／往日烏雲今日晴／寧捨身為公／浮世大世界之月／已見他一片光明

——大石良雄的詩句，正是赤穗武士一群人今日的心情寫照。

另一方面，一大早接到報告的「大目付」仙石政明，在進入江戶城之前，半路繞到「老中」[4]注稻葉知通（丹後守）宅邸，將事件的發生經過向他報告。

武士統治的時代，似乎辦事能力比較迅速有效。

當仙石、稻葉進入江戶城不久，來自不同單位的報告陸續到達江戶城內。

首先，泉岳寺住持將事實狀況向「寺社奉行」[5]阿部正邦（飛彈守）提出報告書。主管住宅區事務的「町方」則向「町奉行」[6]松前矩廣（伊豆守）報告。事件的遇害者吉良義央家也向幕府申訴。

奉命前往吉良宅邸調查事實狀況的阿部、杉田兩名官吏也回到江戶城內。

綜合了各方報告書以及幕府本身的調查，「老中」以及「若年寄」[7]集合召開會議。

在會議中，重要官員大致肯定赤穗武士的言行。甚至有人激動的發言表示贊同。資深「老中」阿部正武（豐後守）便是其中的一人。

會議大致得到了結論。——並沒有人譴責這次復仇行動。

進一步，最後必須由將軍裁決。將軍德川綱吉召見「老

3：「短歌」：日本傳統詩以五、七、五、七、五……為音節。最短的是五、七、五的「俳句」。其餘是「短歌」或「長歌」。

4：「老中」：幕府裏將軍之下的最高行政官，通稱「幕閣」。一般為五人，每月輪值一人主持政務。

5：「寺社奉行」：幕府主管佛寺、神社業務的官吏。

6：「町奉行」：負責江戶地區治安及消防的行政官。有南、北兩組，輪流值班工作。

7：「若年寄」：次於「老中」的行政官，有若干人。

中」，詢問衆人意見。

一年多前，淺野長矩在幕府內刀傷吉良義央時，將軍德川綱吉十分震怒的。意外的，此時，態度十分溫和。也許他已忘了這件事。

「老中」代表的阿部正武察言觀色，覺得可以爲他們講些好話：

「將軍您長期講求文武雙全、獎勵忠義孝行。再說將軍您更親自講授四書五經，以明白昭示人人的行爲標準。其中的熱忱和深慮，不正是赤穗這一幫武士充份表現出來了嗎？」

阿部又補充了一句：

「我等『老中』同仁建議這些人暫時要他們羈押在『大名』家中，以便仔細思考後再行懲處。」

將軍德川綱吉馬上表示准許：

「可以，就如此去辦吧！」

——在當時武士社會中，武士犯罪時並不會被關入牢獄裏，這是尊重武士的人格。（當然有各種不同懲處方式）這次參加復仇行動的四十七人，大多位階很低，但他們的義勇行動，在一般武士看來，是一種高尚行爲。因此，幕府破格的把他們比照高階武士一般的暫時由「大名」家來看管。

下午六點左右（酉刻）幕府派來三名監察官：石川彌一右衛門、市野新八郎、松永小八郎，他們到達泉岳寺傳達命令：所有人均前往「大目付」仙石政明的宅邸。接著如何處置，將有進一步的消息。

這時候，大石良雄向幕府派來的人說：我等將遵照命令前往「大目付」家，但不知衣着不整是否得宜？

幕府代表表示無妨。

赤穗武士一行，下午七點左右離開了泉岳寺。

吉良義央的首級不便移動，暫時放在泉岳寺。[8]

幕府安排了轎子讓年長者、受傷者搭乘。

爲了提防與吉良義央有親戚關係的上杉家是否派人來尋仇，隊伍外配置了幕府人員警戒著。沿途更通知一些宅邸大門掛上提燈。——一路上倒沒什麼異樣。

8：吉良義央的首級後由泉岳寺送還吉良家，後埋葬於萬昌院。

照常理推斷，這件事已由幕府在正式處理中，上杉家或吉良家應該不會再插手搗亂的。假如這兩家人眞的殺過來，那不正是表示反抗幕府嗎？——那如何承擔責任？

「大目付」仙石政明的宅邸位於汐見坂下。一行人到達以後，第一步，放下武器，由幕府代表看管。接著衆人在一旁的水井盥洗一番，仙石家已準備好毛巾及其他用品。

一大早脫隊的吉田忠左衛門、富森助右衛門兩人也歸隊，所有人集中在一個榻榻米大房間。

幕府監察官前來調查每個人的個別資料：姓名、年齡、位階、俸祿、家人、親戚……，一一詳加記載。更安排了醫護人員前來仙石家。

不久，「大目付」仙石政明出現在衆人面前，兩旁是幕府監察官鈴木源五右衛門、水野小左衛門。當衆宣佈：

「爾等四十七人，經決定暫時由四位『大名』看管。」

事實上，一行人抵達仙石家時，四位「大名」的家臣已經在門外待命，準備領回相關人員。

接著又宣佈：以下將唱名告知分配情形。唱名時，希望本人出聲回應。

「細川越中守府上：大石良雄……等人。」（共十六人）

「松平隱岐守府上：大石主稅……等人。」（十人）

「毛利甲斐守府上：岡島八十右衛門……等人。」（十人）

「水野監物府上：間十次郎……等人。」（十人）

到此，公事大致已進行完畢。

「大目付」仙石政明還坐在榻榻米沒準備離席。他忽然說：「接下來和幕府公務無關，我個人想請你們聊聊這次復仇行動的事，以留給後世參考。」

仙石沒有顧及自己是幕府現任高官，親切的想和這些人交換意見——當然是懷抱善意的。

首先，參加後門小組的磯貝十郎左衛門，在攻擊行動中，臨時強迫吉良的家人準備了蠟燭以便尋找，這種臨機應變能力特別讓仙石表示嘉許。

……

聽取了許多小故事以後，仙石作了簡短結論：「總之，計畫周到，萬無一失。是一次完美的復仇行動！」

一旁的監察官水野小左衛門問大石主稅：

「你是第一次來江戶的嗎？」

父親大石良雄代爲回答：「是第一次。」

水野又說：「你似乎是一行人最年輕的。貴庚多少？」

這次大石主稅自己回答：「滿十五歲。」

水野又接腔：「才十五，看起來倒不像十五歲。決心參加如此壯烈行動的人，實在是有別於凡夫俗子。你父親應該以擁有這樣的兒子感到光榮！」

大石良雄迅速道謝對方的褒揚。

「大目付」仙石政明還想聊聊。又問大石主稅：

「聽說你身高五尺七寸（一．七二公尺），是嘛。」

「是的。」大石主稅面對幕府高官的提問似乎有些緊張。

大石良雄卻自我陶侃：「你們眼前這個大石某人，倒是個小個子。兒子應該比較像母親。所以，在女人面前，我有些抬不起頭來！」

——事成後的此時，一年多來的忍辱負重，不斷磨鍊，而經過一場戰鬥……，終於順利成功。一行人終於有了一股成就感，也大大放鬆了心情。如今可以和大家說說笑笑，輕鬆的談笑聲，似乎擴散到院子裏的雪地上。

仙石家，今年的春天宛然提前來報到了。

受到幕府的命令，前來接收監管四十六名武士的四位「大名」，分別派遣龐大人員來到「大目付」仙石政明的宅邸，準備護送他們前往不同處所。人數如下：

細川家——八百七十五人

松平家——三百零四人

毛利家——二百餘人

水野家——一百五十三人

一共準備了四十六挺日式轎子。這是因爲考慮其中有傷者，走路不便，何況深夜中徒步，恐出現意外。

此時，仙石政明依照負責看管的細川家、松平家、毛利家、水野家的順序，點名交人。一旁，監察官鈴木源左衛門、水野小左衛門也列席在現場。

此種日式轎子，如果護送犯人，則上鎖或罩上網子。這一天，當然並沒有加上這些東西。

「大目付」仙石政明特別對四家的人員交代：「這些人乃是捨命而成就大事的勇者，所以轎子打開小窗口也無妨！」——簡單說，仙石要他們不得將這些人視爲罪犯。

接著又交代：「因爲其中也有受傷的，一路上要安靜妥善行動！」——一切的一切，仙石政明顯然充滿善意。

負責看管十六名的細川家藩主細川綱利（肥後藩、越中守），儘管此時已是深夜兩點（十六日），他當天晚上並沒有入睡，一直在等待一行人的到來。

藩主立刻接見了他們，並親切的表明：

「我家得以接待爾等一行人，乃是武士家的職責，也是光榮之事！」

細川綱利指示家臣，雖然是深夜，盡快爲一行人提供飲食。也盡快爲所有人更換乾淨衣著！

堀內傳右衛門等五人奉命接待一行人。翌日（十六日）起，負責打點衣、食、住等一切。

在飲食方面，每餐五菜兩湯，白天還供應茶點，晚餐時準備了日本酒。

由於這一年多來，赤穗武士刻骨銘心，臥薪嚐膽的立志參加復仇行動，生活一直非常簡樸，三餐都只隨便吃飯而已。如今每天受到豐盛的招待，內心反而有些不自在。大石良雄只好懇切的向細川家表明：

「我等如此接受厚待，實在愧不敢當，今後，只要有玄米和小魚乾可吃，已經十分滿足！」

事實上，細川家也爲他們準備好香菸。更準備了《平家物語》、《太平記》、《三國志》……這些歷史小說。還爲長者預備了老花眼鏡。

細川家甚至表示如果幕府同意，願意接納他們成爲「肥後藩」的成員。

這邊的接待方式傳出去以後，松平、毛利、水野三家也表示「輸人不輸陣」，完全比照細川家高規格款待赤穗武士。

街坊老百姓逐漸知道赤穗武士爲主公復仇的事，一傳十、十傳百。德川家康創立「江戶幕府」已一百年，由於一直太平無事，少數武士似乎有些變質。

老百姓議論紛紛，並一致認爲：

「這才是眞正的武士！」

又說：這是「曾我兄弟復仇事件」以來的壯舉！何況，這次規模比「曾我兄弟」那次超過許多。這四十七人眞正是江戶的好漢、日本的英雄！

幕府稍微知道民間的聲音以後，處理起來反而有些棘手。

「老中」召集了諮詢會議，參加者有含「大目付」在內四人、以「寺社奉行」爲主的三人、「町奉行」等三人、「勘定奉行」[9]注等四人。——這麼龐大人數，又幾乎涵蓋所有幕府核心的會議，足見幕府對這個事件處理方式的愼重程度。

十二月二十三日，得到了初步結論：

有關赤穗四十七人捨命攻入吉良義央宅邸、以報復亡故主公仇恨之情節，屬「忠義」之事件。是亦符合幕府所訂定之「獎勵文武忠孝」以及「禮儀規矩」。

另又議決，四十七人之處置，暫時仍由四位「大名」看管，等待進一步研究、討論。

彼時雖然全國行政權控制在幕府——尤其是將軍一個人。但是整個江戶時代，學術發展依然受到相當重視，漢唐時輸入的儒家思想，甚至後來的陽明學，日本依然有著若干傑出學者。

對這一次復仇事件，學者明顯的出現極端的正反兩派。

在「加賀前田家」（金澤）的學者室鳩巢認爲四十七人的行動乃是「忠義」的行爲，完全是武士道模範。甚至他後來還出版了一本《赤穗義人錄》。

幕府內儒學者林信篤（大學頭）也認爲：

《禮記》有言：君臣父子之仇、不共戴天，此次復仇行動，蓋亦符合「士道」之行爲標準。

這一派人也暗中想營救四十七人，以免遭遇不測。

但是，另有反對聲音。

在將軍親信柳澤吉保（館林城主）家講學的荻生徂徠則表

示反對。他透過柳澤而向將軍表達不同意的看法：

> 「義」爲自我潔身之道，而「法」屬天下世界之準則。四十六赤穗武士（一人回家鄉去了）爲主公復仇，可謂武士潔身之行爲。唯此種行動純屬個人範圍，不符天下公儀，亦卽不容於「法」。以此，命彼等切腹似無不可。如此，於四十六人可顧全面子，而於上杉家則不再有怨言。此亦佐證幕府並未輕視四十六人之忠義行爲。

將軍德川綱吉一向熱衷於研習學問，尤其對荻生徂徠一直十分敬重。對於不能守住「法」的精神，可能引發天下大亂這種看法，對執掌全國大權的德川綱吉而言，感受最深。將軍雖然對四十六人心中同情，但爲了全國安定而壓抑私亂，決定採取荻生徂徠的意見。

終於來到這一天。

元祿十六年（一七〇三年，清康熙四十二年）二月四日，幕府下令四十六人切腹。

9：「勘定奉行」，幕府財政首長。

當天午後兩點（未刻），幕府差使荒木十右衛門、久永內記兩人來到細川家，荒木乃是幕府接收赤穗城時（詳見後文）的監督者；所以和大石良雄等人面識。

荒木宣讀了幕府判決書：

「爾等原赤穗城主之家臣，以吉良義央爲復仇對象，結黨携帶武器侵入吉良宅邸完成復仇行動。此種行爲，於『公』十分不妥。以此，命爾等切腹負責！」

大石良雄代表衆人答覆：

「我等心中早已鎭定接受任何定罪。蒙下令我等切腹，敬謹接受，內心亦十分感謝成全我等之初衷。」

大石良雄行禮答謝，淚水滿面而垂滴在地上。

荒木又說，我個人爲各位補充說明：今天，幕府內部對於吉良家當天的應對不妥加以處分。且領地沒收、取銷封號。家人暫時由信州諏訪領主看管。……

大石良雄含淚又說了幾句：

「今日又蒙貴官駕臨，十分感激。思念起去歲貴官前來赤穗時對我等的善意。我等雖將身亡，但雲情高誼，將長存人世間！」

衆人開始洗手、漱口，準備一切行動。各自喝了一杯清酒、留下遺囑，並寫下「辭世詞」[10]。

庭院裏已佈置好。（擺好三個榻榻米）荒木十右衛門等幕府代表坐在四周監視，細川家家臣則負責處理一些雜務。

午後四時（申刻）開始執行。

大石良雄第一個出現在現場，潮田又之丞說：「我等也將追隨在後！」大石回頭也說：「先走一步啦。」

現場在地上擺了三個榻榻米，上面並舖著白布，後面擺著屏風，也張著布幔。

大石良雄以跪姿（正座）向幕府代表行鞠躬禮。拆下上衣一角，塞入衣服中。雖然是寒冬，一派勇姿，沒有寒意。一旁擺有短刀，而且「介錯人」[11]安場一平也已等待在一旁。

大石良雄持了短刀，忽然想起亡故的主公也經歷如此場面。而櫻花季節還沒來到呀！

大石鼓起勇氣，用短刀劃開肚子。說時遲，那時快，一旁

10：「辭世詞」：武士往往在離世前，寫下一首辭世詞。參加戰鬥時，出陣前必先寫好。

11：「介錯人」。按照武士切腹儀式，當事人切腹的同時，另一人持長刀砍下頭顱。此人即「介錯人」。

的安場一平已揮刀一砍，完成任務。

毛利、松平、水野三家也在同一時間奉命執行任務。

這些人提出一個願望，表示死後能葬在主公的墳墓旁。

於是，四位「大名」家分別準備了四十五口棺木，把他們送到泉岳寺。（毛利家看管的間新六屍體由他的親戚領回去）在搬運途中，準備了大提燈，並配備騎馬武士及徒步戰士護送。

夜晚十時（亥刻）舉行簡單的葬禮。住持酬山和尚一一爲他們取了「戒名」。入土的時間則在清晨四點（寅刻）。天亮以後，一切已處理完畢。四十五名武士的葬身地四周是一片矮竹林。在早寒季節，似乎帶著一股刺骨的冰冷。

事件發生不久，江戶發生了一件不太尋常的妙事。

日本橋附近原本矗立著一塊幕府設立的公告牌（訓誨老百姓用），其中第一條訓詞是：

「第一條、獎勵忠孝行爲。」

但是忽然第一條被塗掉，也不知道到底那一個人如此大膽破壞幕府的公物。

不得已，幕府重新立了一個。但這一次，第一條的「忠孝」兩個字被人用泥巴塗掉。

不消說，老百姓對幕府的處置發出了無言的抗議！

幕府不得不投降，把公告牌的第一條改爲：

「第一條、父子兄弟應保持和睦。」

——自此以後，老百姓的這股怨氣居然流傳了三百多年。一直到現在，四十七武士的故事，依然是日本人熱烈討論的話題。

◇解說一：細川家的溫情

在日本歷史上發生的「忠臣藏」事件中，當時幕府執政成員的「老中」及儒學者都有對四十七人深表同情的，同時也肯定他們復仇行爲的正當性。

在當時的「大名」（有領地的高階武士）之中，又以肥後熊本細川家（細川綱利．越中守）表現最爲突出，對參加復仇行動的團隊寄予極大的溫情。

有關幕府下令由四位「大名」分別看管四十七人，其中十六人來到細川家宅邸，立刻受到極爲細心的款待的情節，已在內文中敍述過。

當幕府下令細川家監督十六人切腹時，一方面要小心避免得罪幕府，一方面則對十六人的切腹用心安排，盡量尊重十六人的最後尊嚴和體面，這從實際行動的細節中可以充分理解：

其一，切腹現場的佈置，嚴肅、整潔，事先也充份準備了每人的服飾及身後的妥善處理。最重要的是，執行切腹的當天，藩主細川綱利一大早起來指揮部下，每一處均有重要幹部待命，並細心將切腹場所四周以屏風隔離，表示對十六人的敬重。

另一件重要的是：在武士世界裡，切腹時的「介錯」是非常重要的。也就是執行「介錯」的人，其身份和切腹者的關係很重要。細川家在安排「介錯」時，針對大石良雄，安排了一位位階稍高的安場一平（徒士頭），其餘十五人，不論年齡或身份高低，統一由細川家幹部（小姓組）來執行。——這在當時是表示對切腹者的尊重。對每人切腹過程，均一一慎重處理，包括身後事的安排。

事實上，細川家和赤穗藩原本沒有任何人情友誼或利害關係存在，但是，如同當時大多數老百姓一般的，他們深深寄予同情，同樣是武士，細川家上下武士都有同理心，他們敬佩赤穗藩武士的義氣！

常言道：「善有善報」，五十四萬石肥後、熊本的細川家，此後出了許多賢明的藩主，甚至不久以前當選過日本總理大臣（細川護熙）。細川家後裔更在東京設立了「永清文庫」（美術館）；這是少數由武士家族設立的美術館之一。（德川家康後裔亦設有「德川美術館」）。

◇解說二、泉岳寺

泉岳寺始建於慶長十七年（西元一六一二年），乃是將軍德川家康爲紀念武將金川義元而建立。當時，德川家康將外櫻田的一塊佛寺用地贈予金川義元之孫門庵宗關和尚。但在「寛永大火」時被燒燬。第三任將軍德川家光下令：毛利、淺野、朽木、水野、水谷五位「大名」共同協助再建於現址。江戶時代時，占地二萬多坪，乃是江戶曹洞宗三大佛寺之一。山名「萬松山」，一是借用德川家舊姓「松平」的一個字，也有「松柏長青」的深意。寺號「泉岳」，取自德川家「源泉」、「海岳」。

寺中的山門、中門、本殿固然都十分精彩。然而，目前老早成爲「四十七武士的佛寺」之形象，受人矚目的有：自鐵砲洲移來的烈士門（原淺野家大門）、淺野長矩夫婦墓、清洗吉良義央首級的水井、義士館、手持判決書的大石良雄銅像……。甚至連大石主稅切腹處的梅花樹、淺野長矩切腹時染紅的梅花樹和石頭……。清一色都與赤穗武士有關。僅以「義士館」而言，平均一天有五百名參觀者、義士墓地竟日香煙裊裊，幾乎讓人眼睛覺得不舒服。埋身此地的只有四十五人（寺坂吉右衛門、間新六兩人沒有埋葬在此），但墓碑有四十八座。其中，左前方的「吉右衛門」推測是萱野三平的「招魂碑」。由於法號是「刃道喜劍信士」，也曾被認爲可能是在「一力茶寮」罵過大石良雄的薩摩（鹿兒島）劍客村上喜劍（架空人物）。妙海尼姑的墳墓則是在入口處走上石階後的右下方。（都營地下鐵淺草線、「泉岳寺」站下車、徒步三分鐘。）

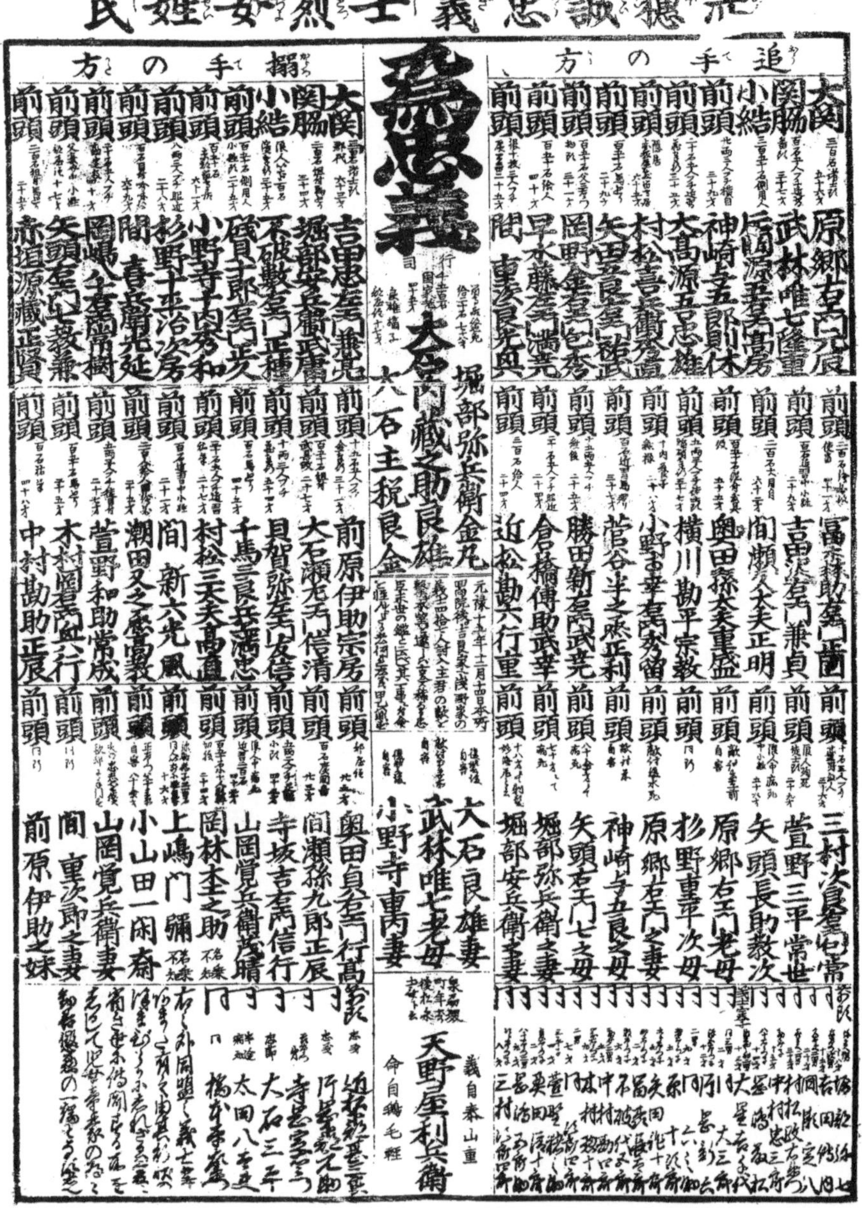

一八四八年「錦繪」中的四十七武士排名表

泉岳寺中的武士墓

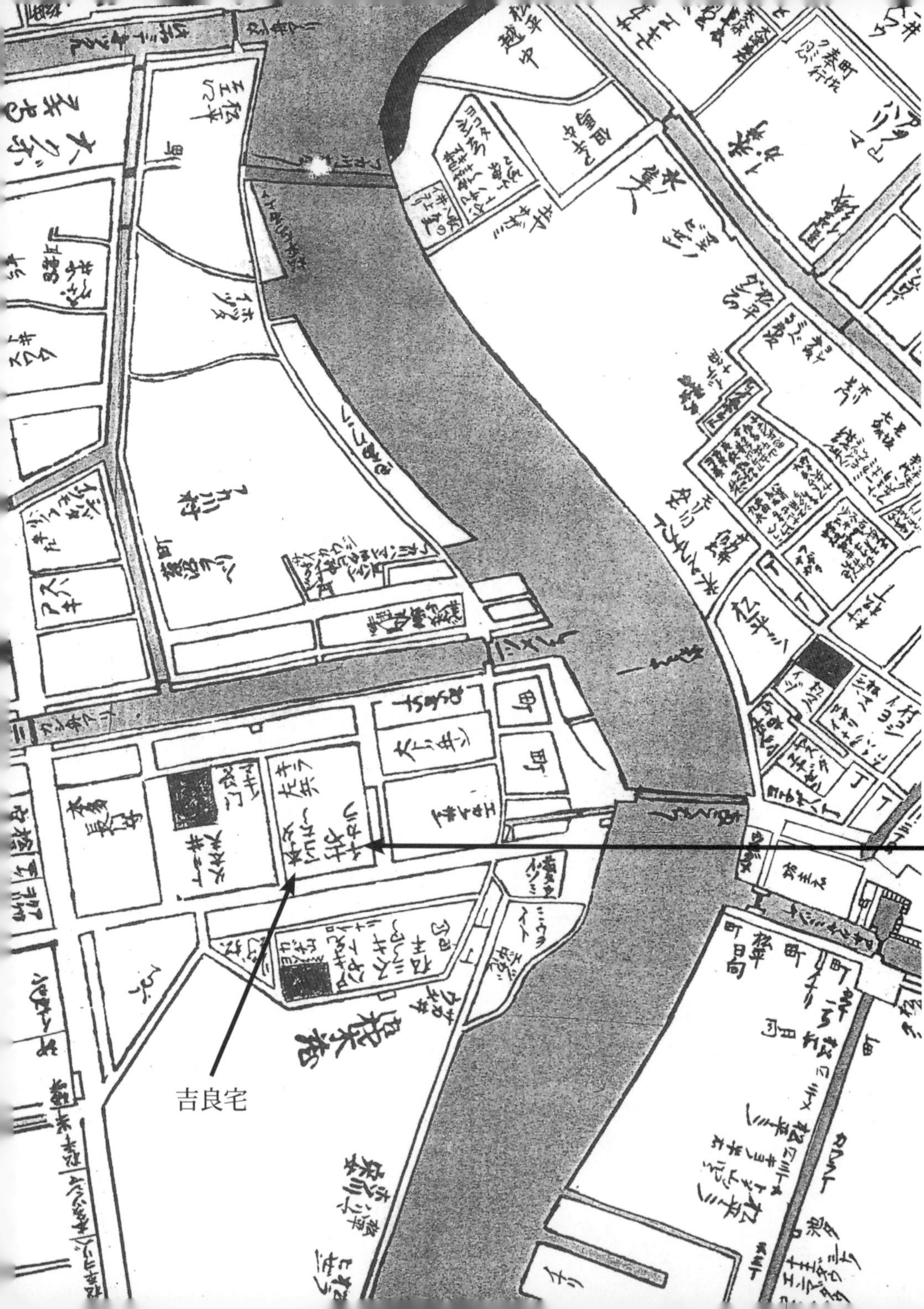

一七〇二年〈改撰江戸大繪圖〉中的吉良宅位置

東京、兩國橋畔的大高源五俳句碑

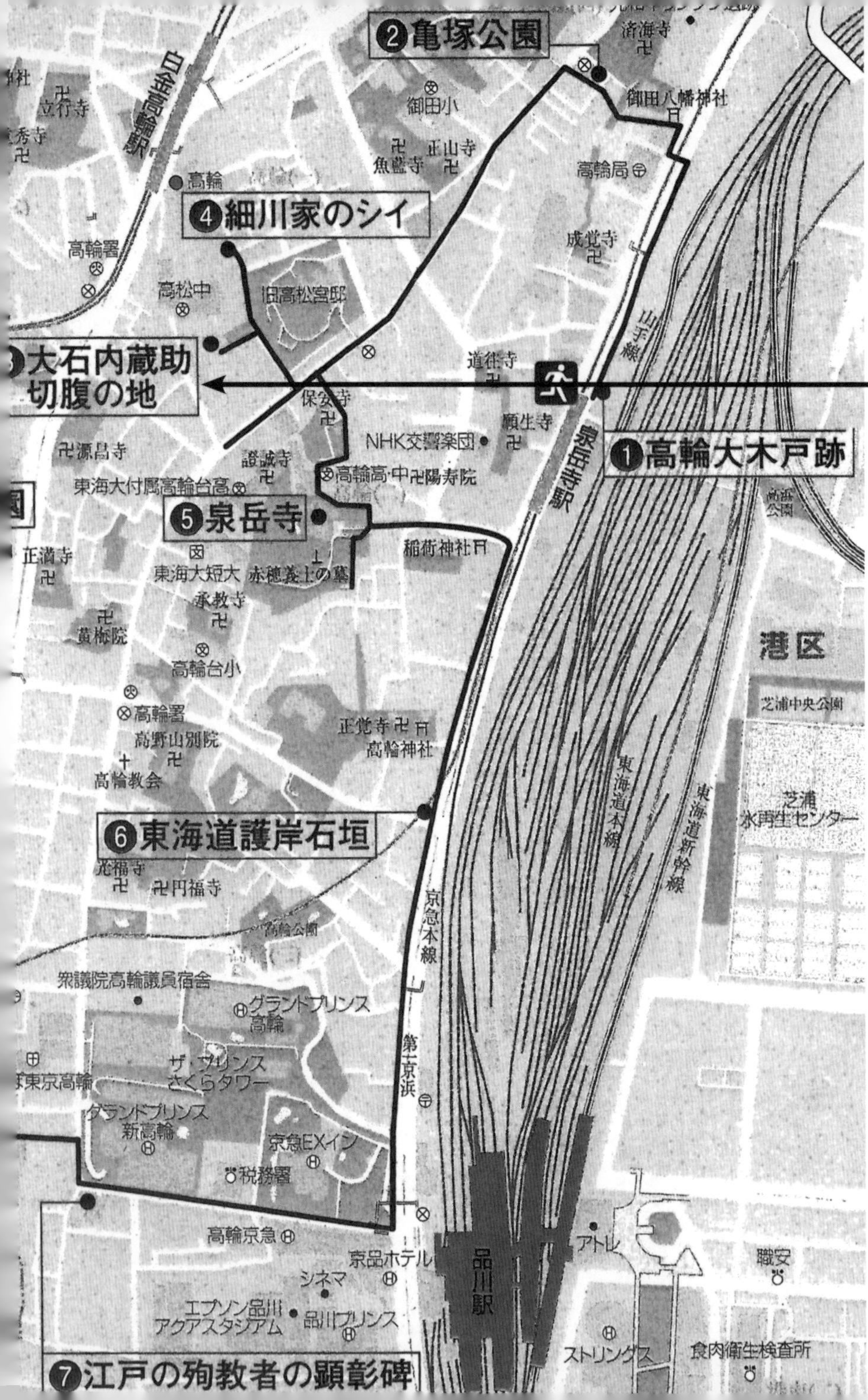

細川家宅邸內大石良雄切腹處所

N
0
300m
三越
渋谷区
恵比寿
ガーデンプレイス
ウェスティン
神応小
朝日中
聖心女子学院
初·中·高
聖心高等(専)
興禅寺
東大医科学研究所
東大医研附属
松岡美術館
武蔵野植物園
自然教育園
旧白金御料地
水生植物
教材園
外苑西通り
法蓮寺
⑫自然教育園
白金台駅
白金台福祉会館
瑞聖寺
台北駐日経済文化
代表処
白金台整形·形成外科
⑪庭園美術館
白金教会
南北線
三田線
妙圓寺
光取寺
⑨畠山記念館
高福院
目黒駅
目黒通り
久米美術館
清岸寺
最上寺
戒法寺
隆崇院
本願寺
宝蔵寺
常光寺
埼京線
山手線
アトレ
第三日野小
目黒駅
⑩池田山公園
目黒雅叙園
雅叙苑
東急目黒線
東京医療保健大
六本木学園
NTT関東
衣裳博物館
杉野服飾大
五反田教会
東五反田
杉野服飾大短大
職安
薬師寺東京別院
徳蔵寺
大崎第一
品川区
菅野
五反田駅
⑧旧島津

東京・高輪，泉岳寺

清洗吉良義央首級之水井遺跡（右側）

大石良雄雕像

淺野長矩在高野山上的衣冠塚

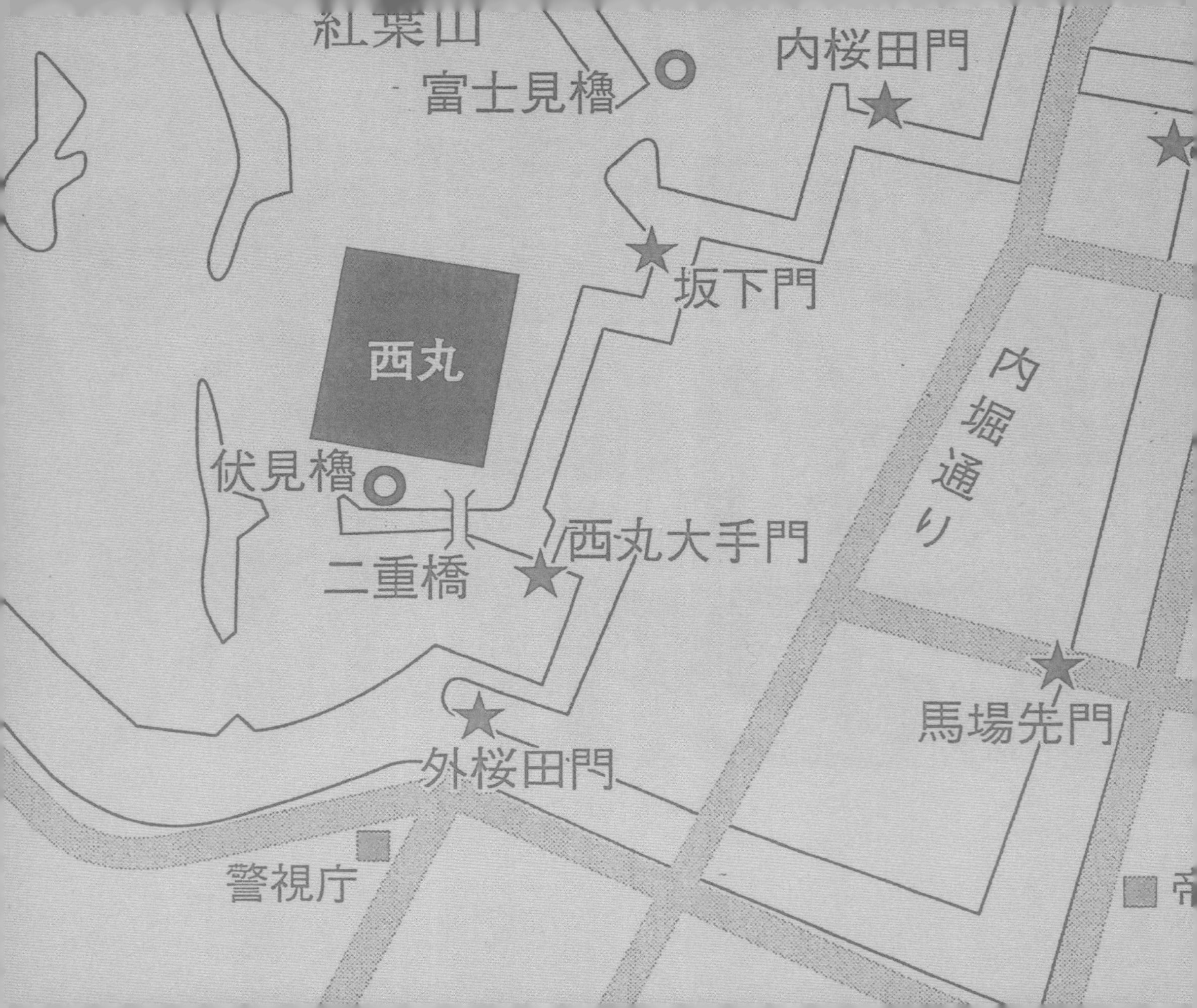
紅葉山
富士見櫓
内桜田門
坂下門
西丸
伏見櫓
二重橋
西丸大手門
内堀通り
馬場先門
外桜田門
警視庁

第二部

刀傷事件

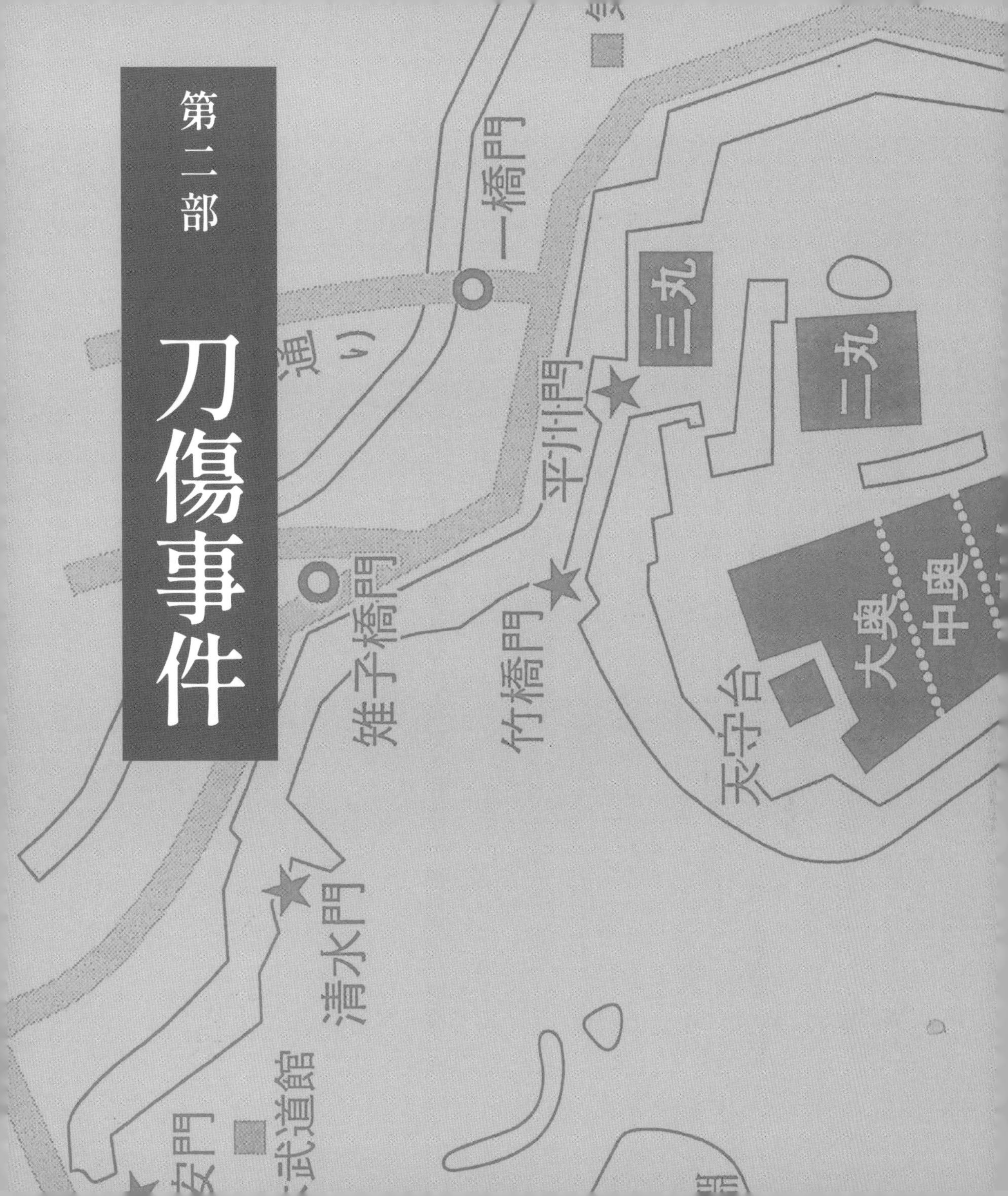

一、江戶城

故事的順序有些曲折。

四十七武士是爲主公淺野長矩復仇，那到底是什麼深仇大恨呢？

且待我話說從頭。

日本慶長八年（西元一六〇三年、明萬曆三十一年），德川家康在發動大規模戰爭（關原之戰），且全面獲勝後，終於統一天下，將「幕府」建立在江戶（今東京）。

雖然「幕府」有全面統治權，但前面兩個「幕府」（鎌倉、室町）時期，京都的皇室及文官依然存在著。那麼，「幕府」和皇室如何維持和平而良好的關係呢？

自元和年間（一六一五年－）起，定例在每年新年向朝廷奉贈禮品，朝廷也就派遣代表答謝。而習慣上，既有「敕使」（天皇代表），又有「院使」（上皇代表）。當然，幕府為了展現實權和經濟能力，無不盛大接待來使。

而負責接待京都朝廷代表的，一般是指定經濟情況比較好的「大名」擔任（因為必須分擔大部份經費）。負責接待工作者稱為「御馳走役」。

這一年，播州赤穗城主淺野長矩（內匠頭）奉命接待貴賓，另一名共同負責人是伊予吉田城主伊達宗春（左京亮）。

赤穗藩只是五萬三千五百石的「大名」，封地在此之上的還有很多，為何挑中赤穗藩？這是因為該地靠海而產鹽，經濟條件很不錯。（當時的政治結構是：幕府之命，不得違背）

招待工作是從迎接到送客，要負責一切。這其中包含許多瑣碎問題，住的、吃的，甚至娛樂節目都必須安排妥當，不得有任何閃失。

例如朝廷來使在三月十五日前往增上寺參拜，並決定留宿一晚。這是事先沒有規劃的。而負責監督的吉良義央（高家）突然下令要更換寺中的榻榻米。這使接待任務者措手不及，不得已，發動了許多人員去強迫江戶城中所有榻榻米店全面配合，徹夜工作的結果才能更換兩百張榻榻米。

元祿十四年（一七〇一年）二月四日，淺野長矩奉命前往幕府江戶城內「帝鑑堂」接受命令。大堂中，「老中」一一在座。二月輪值的秋元喬知（但馬守）宣佈：

「本年年初，朝廷敕使將前來答禮。貴官負責擔任『御馳走役』負責接待，事先應聽取『高家』的指示，就教吉良義央（上野介）而謹慎辦理，不得有誤！」

事實上，淺野長矩十八年前（一六八三年），已經奉命辦理過一次，當時才十七歲。彼時在吉良義央的指導下，順利的達成任務。（當時有一位優秀能幹的「家老」在旁大力協助，也是成功的原因之一）

話說京都來的貴賓敕使、院使三月十一日將抵達江戶，依慣例必須在今日品川附近的高輪口迎接，而此時離正式接待工作僅僅有十天的準備時間。

淺野長矩想起十幾年前還是一名青年，涉世不深；但是稍微記得，大大小小事情，反正只要依照資深的吉良義央指揮辦理，倒也勉強達成任務。並沒有出過什麼差錯。

又想起，快步入中年的此時，看過了不少世面，在武士社會中也有了不少具體心得，再次接受同樣的接待任務，應該足以應付，沒什麼值得記掛的。

另一方面，過去配合得很好的吉良義央，如今鬢髮皆白，也呈現老態，雖然這是自然現象。問題是，外表的改變之外，吉良的性格和處事態度似乎已與十多年前相當不同。

——東想西想，淺野長矩心中覺得究竟兩人出身不同、年紀又相差很多，兩者的歧異也許是不可避免的。令人擔憂的是，他的一舉一動、會不會影響到此次的重大任務？

在這樣的情緒中，淺野長矩對吉良義央的成見越來越深。見面談話的次數本來就不是太多，而淺野本身越覺得溝通不良。僅僅以如何款待京都貴賓的事，就使兩者心中裂痕更深。

三月十日，京都貴賓即將進入幕府預備的場所，這一天淺野長矩正式向吉良義央請示：

「京都貴賓滯留在江戶的時期內，我方應該如何應對？」

吉良義央不假思索的回答：

「當然每天都得前往問候！」

吉良義央斬釘截鐵般的明確回答，而且口氣似乎有幾分不耐煩。

過了五天，淺野長矩又再確認一遍。這一次吉良義央依然趾高氣揚的給同樣的回答。

這一次，淺野長矩在江戶城內還是老老實實聽了吉良義央的訓示。但下班回家以後，越想越覺得不妙。

首先，帶著禮品去問候，花費多少姑且不說。收禮的那一方，難道不會覺得天天搞這一套，太囉嗦了！何況，白天，他們一般都會出現在江戶城內，不也就互相見面了嗎？

於是，淺野長矩企圖從旁打聽一下具體答案。他想到共同接待的伊達宗春。淺野派遣駐守江戶的「家老」安井彥右衛門走一趟伊達家。

伊達宗春說：「吉良長官指示、去個二、三次就可以啦！」

安井彥右衛門覺得事有蹊蹺，跑去請示「老中」土屋政直（相模守），不料，「老中」也說二、三次就可以啦！

淺野長矩聽到部下安井回報這個消息時，整個人簡直就要氣炸了！

他想：「吉良到底對我有什麼不滿？難道我犯下什麼大錯了嗎？」

事實上，在此之前的二月二十九日，吉良義央從外地一回來，淺野便立刻去探望。那麼，會不會是當天的禮物送得太少？反覆思考了一下，覺得這不是原因才對。

進一步，在敕使宿泊處的榻榻米更換這一個問題上，明明對伊達宗春下令必須更換，而卻對淺野長矩說：「你看著辦吧，換不換都沒關係。」

接下來是勞師動衆的全部更換了。而淺野長矩對於同一件事，故意如此對待，心中難免十分不快。

度過十天準備的煎熬，當三月十一日京都貴賓抵達江戶時，淺野長矩身體已明顯感到不適，於是交代醫生準備了中藥。服藥後才稍微改善，也才能繼續工作。

十二日、十三日，依然要負責款待京都貴賓。

十二日，敕使、院使進入江戶城內，晤見將軍德川綱吉。

十三日，竟日在櫻花盛開的冷天中觀賞「能劇」[1]。

淺野長矩一直用心的執行自己份內應該做的事，到此，已經暫告一個段落，同時心身也十分疲倦。

屬下建部喜六、近藤政右衛門來報告送禮去吉良義央宅，禮品箋是：

「寒中奉候。謹呈名酒一樽、大魚一尾。」

當他在江戶城內遇見吉良義央時，心中實在不太愉快。但是，此時他也自我警戒著：「不能以私害公，要顧全大局才對！」

淺野長矩看著吉良義央穿著武士大禮服一步一步靠近來，開口問他：

「請問今天比照昨天的方式款待京都貴賓，可以嗎？」

不料吉良義央卻回答他：

「這還用說嘛。事情不就是這樣的嗎？難道你辦不下去，所以才故意提問的嗎？」

聲音很大，而且似乎話中有話，這也就罷了。當場有好幾位「大名」也聽得清清楚楚。

接著又衝著淺野長矩說：

「看來你能不能做好，大概有問題！」

這次語氣更差，簡直像在淺野臉上打了一個耳光。

淺野長矩還是壓抑著心中的沸騰，覺得不可以小害大。眼前京都貴賓馬上就要到達，所以儘管避開和吉良義央碰面就好了。

他從「楊柳廣間」走出來，在「櫻花廣間」前面左轉，接著是「松之迴廊」。

這一天，將軍德川綱吉的生母（桂昌院）也就是「將軍太夫人」的一名屬下（專屬服侍太夫人）梶川與惣兵衛一大早進入江戶城。他匆忙來到「大奧」[2]，透過女性工作人員，問候太夫人並請示給京都貴賓的答禮應如何安排。

太夫人指示大概內容，並交代和吉良義央商量一下，再做定奪。

梶川接受了命令，移動到「白書院」[3]去，通常吉良義央大致會來到這裡，但此時不見人影。

1：「能劇」，一種演員戴著面具的傳統戲劇。

2：「大奧」，將軍女眷及佣人住所，一般人不得進入。

3：「白書院」，即江戶城內幕府高級官吏會客場所。

梶川想到，可能吉良還沒來。

又走到「楊柳廣間」，也沒看見吉良義央。接著又走到「大廣間」去。

今天是京都貴賓進入江戶城的日子，幕府十分愼重的安排一切。重要幹部，各方「大名」都集中在這裡，進進出出，忙著執行各自的任務。在這裡，也不見年紀有些大、身體還算硬朗的吉良義央。

京都的敕使、院使預定十點（巳刻）到達；此時還剩半個鐘頭而已。梶川心中有些焦急。

從中庭看過去，「松之迴廊」的一根柱子似乎有一點點彎斜。

「大名」諸公紛紛出現在這裡。這其中，梶川看到了穿著印有「鷹羽」家徽的淺野良矩。

梶川覺得應該去和他打個招呼，於是走去他面前。可是怎麼覺得今天淺野的表情不太對。也許是天氣的關係吧。梶川心中這樣想著。

這幾天，天氣都不太好。

十二日，下雨，昨天（十三日）陰天。

今日呢，又是陰天。

在此櫻花季節中的冷天，日本特別有「花冷」[4]的說法。當櫻花紛紛自樹上飄下時，一般正是夏天來到的跫音，也是暖和的日子的來臨。但是，不知道爲什麼這幾天卻反而有些寒意。雲層很低，卻又沒有下雨或下雪的跡象。如果下一場雨，那倒也有雨中的詩情畫意。

這種怪天氣，梶川覺得心情不明朗，也說不出眞正原因。昨天接待貴賓觀賞的「能劇」，戲目有：〈翁〉、〈三番叟〉、〈高砂〉、〈田村〉、〈東北〉、〈春日龍神〉。中間穿插了兩段「狂言」[5]：〈福神〉、〈賣昆布〉。

在昨天那種天氣裡，竟日觀賞「能劇」、「狂言」，其實也相當累的。也不難想像，淺野長矩負責款待京都貴賓是多麼辛苦了。

梶川自己想，爲了鉅細靡遺打點一切，淺野長矩一定比其他人更加辛苦，這是可以確定的。

4：「花冷」：綻放的時期內有冷天出現。按：本文指本州南部而言。（因日本南北緯度差異很大、花期差異自然也很大。）

5：「狂言」：日本傳統說唱戲劇。

梶川客氣的對淺野說：

「今天京都貴賓將回到他們的客居。我奉『桂昌院』（將軍太夫人）交代，前往恭送禮物。一切請多多包涵指教！」

淺野只淡淡的回了一句：

「沒事，您們方便就好。」

語氣似乎和平日的淺野長矩不同，有些冷淡。

靠近一看，淺野臉色有些蒼白。

梶川自己推測，因爲京都貴賓才剛剛抵達，淺野長矩太過緊張，臉色不太好，也正是這個緣故的吧。

梶川輕輕一鞠躬，便無趣的走開了。

這時，看了一位穿著武士禮服的長者自「白書院」向「松之迴廊」的方向走來。家紋是「五三桐葉」。梶川立刻知道此人便是吉良義央。

「啊，是吉良公。」

梶川不禁驚叫了一聲。

原本正要離開的淺野長矩，聽到了以後，腳步卻停止了。

梶川走到吉良面前，報告今天的行動：

「剛剛想見吉良公，但沒有看到您駕到，因此大致向赤穗藩主報告了一聲。」

吉良卻提高聲音回答：

「這件事只有負責指導的本人才明白，問別人也是白問，誰也沒辦法回答的。」

梶川自己解讀吉良是在責備自己，當然心裡不太高興。但想起吉良義央另有靠山（指上杉家），老是趾高氣揚。沒辦法，自己只好稍微忍耐就是了。

又想起這種口氣，假若淺野長矩聽了，不知道他會有什麼反應。

忽然又一轉念，剛剛的一番話還可能是故意放大聲音讓淺野聽的。

此時，吉良義央又對梶川拋以異樣的眼光！

梶川想起也該慎重檢討自己的立場。此時不可以隨便動氣：現在的我是奉將軍太夫人來辦事的，所以應該以這個身份就教吉良義央才對！

有關自己該辦的是很多：禮品的具體內容、前往探望的時間、服裝以及應該和貴賓如何交談……這一切可以比照去年嗎？可是有些細節如今已不太記得了。身爲將軍太夫人，倒也不能有什麼差錯。所以請教吉良義央比較妥當。

梶川正開口要問淸楚時，卻看右側好像有個人影。

說時遲、那時快，人影發出聲音：

「記得前不久的過節嗎！」

在吆喝聲中，此人已揮刀砍向吉良義央的額頭，刀柄接觸到帽子的鐵絲而發出聲響。

第二刀砍向肩膀。

大吃一驚的梶川與惚兵衛迅速撲向淺野，並企圖搶下淺野手上的短刀。

「藩主、使不得的，快放下短刀！您要顧全武士的面子！」

淺野和梶川互相爭奪了一陣子。

……

「殺人呀！不得了！」

在叫囂聲中，江戶城內好多人奔跑過來。

梶川使盡全力抱住淺野長矩，在對方企圖掙脫中，也不放手，想想此時此刻的動作，正是自己的職責。

——坊間謠傳，元旦日蝕，今年必定是大凶年。在迎接貴賓來到江戶城的重要日子裡，居然發生這種驚天動地的刺殺行爲。

這一刻，日式推門（障子）中所畫的群鳥飛翔在一片綠色松濤，映在梶川與惚兵衛眼中，是多麼刺眼呀！

刺殺事件的現場「松之迴廊」是通往「大廣間」的通路。其間寬窄不一，寬一點的有四點五公尺、窄處有三點六公尺。長度則有五十一公尺。其空間相當大，換算榻榻米等於九十塊。可知空間很大。

事件發生後，吉良義央蹲在那裡，兩手掩著臉，背後衣服染著血跡。

料想不到，偶然在現場的梶川，迅速的將淺野長矩的雙手，從背面夾住，讓他兩手動不了。

淺野對梶川說：「吉良和我有些過節，所以非在城內和他做個了斷！在江戶城內殺他，我當然也知道很不得體！」

淺野倒沒有要求梶川放開他，而且情緒還沒平靜下來。在梶川的挾持之下，偶而謾罵：「卑怯鬼、吉良義央！」

中途也稍許反抗，但梶川絕不放手。

旁邊有喊聲響起：「拉到『楊柳廣間』去！」

梶川一直沒有放手。還說著：「這事太遺憾了。」

這時淺野說話了：

「喂，放開我！好歹我也是個城主，不會亂來的！」

又說：

「我並非對幕府有什麼不滿，是純屬私人恩怨而已。如果穿著禮服不妥，我可脫掉！」

淺野此時的態度和言語倒沒有一絲粗暴。

在另一方面，雖然說，在江戶城內發生拔刀傷人事件是十分不妥。而吉良身爲一名武士，面對一把短刀就嚇得半死，簡直被大家看不起。特別是梶川在現場看到完整的一幕，想起平日吉良義央跋扈的樣子，心中萌生一股厭惡。

梶川倒是同情淺野長矩洩恨而沒有達到目的。

本身覺得自己的行動對城主的淺野不宜。但，反轉一想，身爲帶有幕府內公職的武士，偶然遭遇了這樣的事件，爲了維持幕府的威信，制止淺野施暴是應該的。

梶川沒有放手，繼續把淺野押到「楊柳廣間」的一個角落，看到許多「大名」在現場，他才放手。

其中有人替他摘去代表官職的帽子及衣服，換穿平常衣服。

在陰天中，室內有些灰暗。淺野長矩臉色似乎有些變了樣，但看不太清楚。

在幕府內犯下暴行的淺野長矩的身世如何呢？

淺野長矩，官職「內匠頭」，年三十五歲。當時是播磨國赤穗刈屋城主。領地含：赤穗、加西、加東、佐用，共四郡。俸高五萬三千五百石。

其祖先爲淺野長政。在豐臣秀吉最強時期，淺野長政位居「五奉行」[6]之首。一方面，和當時的德川家康也保持友誼關係。「關原之戰」以後，領有常陸[7]眞壁地區的五萬石俸祿。淺野長政有三個兒子，幸運的，都被統一天下的德川家康提拔、重用。

長男淺野幸長，領有：安藝、備後（今廣島縣）四十二萬石。

這是淺野氏的「宗家」（嫡傳家）。

次男淺野長晟領有備後三次五萬石。

6：「五奉行」：即豐臣秀吉之下的五名軍事強人。

7：「常陸」：在本州北部。

三男前野長重繼承父親之領地中的常陸（今茨城縣）五萬石。長重之子長直奉命轉封播州赤穗五萬三千五百石。

此卽爲赤穗淺野家族。淺野長直建赤穗城，開發鹽田，「赤穗鹽」成爲有名產品。淺野長矩乃是長直之孫。

其父淺野長友早逝，所以淺野長矩九歲卽繼承城主。這是日本延寶三年（一六七五年，淸康熙十四年）。

淺野家雖然有相當長的歷史，但赤穗淺野家倒算不了資深的「大名」。

事件中敵對的吉良義央（上野介），其家世又如何呢？這可以追溯到第二個幕府（室町幕府）足利將軍家系統。其中足利義氏之子足利長氏受封至三河國（靜岡縣）幡豆郡吉良庄，從此這個家系取姓「吉良」。

足利幕府（卽室町幕府）時代，足利、澀川、石橋這三大家族是享有特權的，他們的崇高地位與一般城主不同。舉例說，位階較高的武士，半路上遇到這三大家族也得下馬行禮讓路。

德川家康統一天下以後，足利家依然保有封地。足利長氏之孫足利義定被賜幡豆郡三千二百石領地。而且領地雖少，但在幕府上的位階卻比較高。所負責的職務是執行幕府典儀制度的「高家衆」。這對擁有四百年歷史的吉良家而言，似乎也滿足了他們的自尊心。而德川家對於過去曾經敵對的這個家族採取了懷柔策略。

吉良義定之子吉良義冬，義冬之子卽吉良義央。

吉良義央在十九歲擔任幕府公職，元祿十四年（一七〇一年）這一年六十一歲。擔任公職期間已經歷兩位將軍──德川家綱、德川綱吉。

這期間，擔任將軍特使去京都向天皇賀年十五次，以幕府代表身份去京都的有九次。因爲這些功勞，幕府獎勵給他上野國（今群馬縣）綠野、碓水兩郡的一千石封地，並成爲「高家」的首席。

在高階武士分別領有官位的這一方面，二十三歲時被冊封「從四位上」，四十歲時，得到「左近衛少將」的官職名。這在武士中算是高階的。

淺野長矩在同一時間點是「從五位下」的身份。

吉良義央之所以態度高傲，自然是家世不凡所致；而另外一個重要原因是他有高位的姻親親戚。

也就是吉良義央的妻子乃是米澤三十萬石城主上杉綱勝（播磨守）的妹妹。他們先祖上杉景勝原是戰國時期重要武將。

而比較複雜的是：上杉綱勝在二十七歲時卽病歿，也因此封地被減半。此時由養子上杉綱憲在位——這名上杉綱憲其實就是吉良義央之子，過繼到上杉家以繼承領地的。

更加複雜的是，上杉綱憲娶了紀州（今和歌山縣）德川光貞的女兒，這是非同小可的，因爲紀州德川家乃是將軍家直系親屬。另一方面，上杉綱憲的一個兒子過繼到吉良家成爲吉良義央的養子[8]——吉良義周。按輩份，他是吉良義央之孫。

不僅如此，吉良義央的三個女兒分別嫁到高階武士家去，亦卽：薩摩（今鹿兒島縣）島津家以及津輕家、酒井家。

整體看來，吉良義央當時的人脈簡直像一張龐大的蜘蛛網呀！

接下來說說受傷的吉良義央治療的經過。

失神落魄的吉良義央此時蹲在屋角，數人合作把他抬到江戶城內的醫療所。

同屬「高家」身份的品川（豐前守）和島山（下總守）原本要把他移到附近的「櫻花廣間」；這時候，吉良義央比較清醒了，自言自語的：

「快速請醫師來，快！拜託大家。」

聲音倒有些顫抖似的。於是找來幾個人幫忙，把他抬到這裡來。

幕府專屬醫師津輕意三、坂本養慶兩人合作初步做了處理。然而，依然滲出血水。連剛換好的衣服也被染紅了。吉良義央突然像快完蛋似的，有氣無力的說：

「快去請栗崎道有醫師來！」

栗崎道有是當時的幕府御醫，其醫術高超，無人能比，有如華陀再世。

栗崎這時候不巧沒在江戶城內。他到神田一個大商家做外診。

於是由一位文書人員寫了一紙短箋：

「本日先前在江戶城內發生一件偶發事件，『高家』吉良義央身受刀傷。於此，『大目付』[9]吩咐急速通知台端返回江

8：「養子」，日本武士社會中，為維持封地、鞏固「大名家」地位，有廣泛的養子方式，與漢人重視血緣關係、輩份等十分不同。

戶城內。」

栗崎看了短箋，立刻收拾器具奔回江戶城。

當栗崎回到醫療所時，看到吉良義央有氣無力的靜靜的躺在那裡。好像要打哈欠的樣子。

一旁的助手坂本養慶小聲的說：

「病人還在流血。」

此時，醫師栗崎道有不僅面對位階較高的武士，而尤其不得不顧全自己的面子，疏忽不得。

醫師脫下病人的上衣，準備好藥膏貼在額頭和後肩膀。藥膏是栗崎道有自己研發的特效藥。

一下子不再流血了。

治療告一段落時，醫師向「大目付」仙石政明報告事實狀況。

仙石政明指示：

「進一步的處理，有待『老中』決定。請稍留片刻！」

仙石說完就移動到「老中」辦公室去。

在等待時，醫師到廚房去要了飯食來。

稍後，仙石政明回來傳話：

「老中」指示，此次施暴主角淺野長矩並沒有發狂、精神正常。所以，只要吉良義央同意，接下來應該由淺野長矩負責照料。——當時幕府規定，武士彼此糾紛，而在幕府城內發生刀傷。倘若發難者精神失常，則一切由幕府承擔。倘若發難者沒有精神病問題，接下去應負責治療對方。

吉良義央聽了這一番話，對醫師說：

「本人希望台端繼續爲我治療。」吉良義央帶著懇求的眼神回答。

於是，醫師要坂本養慶回去，而由津輕意三做人証，並做進一步治療的準備。

此時吉良義央聲音略帶沙啞的自言自語：「我完全不記得到底和淺野有什麼過節。只能說是他在發狂，如此而已！」

吉良額頭傷口大約有十一公分、肩膀刀傷不深，但大約有十五公分的傷口。栗崎盡速的配藥及處理傷口，因爲不斷在忙碌著，額頭還出現汗滴。

治療告一段落時，栗崎醫師就把剛才要來的米飯加了開

9：「大目付」，幕府監察長。

水，撒了少許食鹽，叫吉良義央吃了。

吉良今天一大早就進入江戶城，上午卽發生意外事件，所以一直沒有吃飯，應該肚子也餓了，所以三口兩口很快就把泡茶水的一碗飯吃光了。

栗崎醫師將吉良的傷口處理完畢後，忽然想起今天的事有些蹊蹺：

究竟淺野長矩和吉良義央有什麼深仇大恨，持刀將別人傷成這樣？何況是京都貴賓來到江戶城內的這一天……。栗崎心中這樣思考著。

江戶城內刀傷事件，眞正的原因到底是什麼呢？

以當時內內外外的情況加以推敲，大致可以歸類爲八項：

1、淺野長矩送給吉良義央的禮品不夠週到。

2、兩人的教養差距太大。

3、淺野爲人粗暴、沉不住氣。

4、兩人性格上的落差。

5、在許多「大名」面前，吉良不顧淺野的體面而斥責他。

6、淺野長矩當時身體健康不佳。

7、淺野長矩發生精神異常。

8、淺野拒絕傳授製鹽技術給吉良。（赤穗是產鹽重地）

這許多推測，也各自有不同論點。

首先可檢討送禮的問題。

當淺野長矩（內匠頭）奉命負責接待京都來的敕使、上使時，除了指定「高家」吉良義央（上野介）負責指導以外，事實上還包括：大友義孝（近江守）、島山基玄（下總守）兩人。不過，這其中吉良義央是最資深的一人，幕府的典儀制度以及和京都皇族、公卿的交往禮儀，以吉良一人最爲孰悉。更何況他親自奉派前往京都多次，而且擔任這個職務四十年，可以說是老到熟練，沒有任何人可以相比較。

按往例，被指派接待京都貴賓時，大抵由吉良來指導，以免疏忽了禮儀，這是因爲幕府不能犯任何差錯。一方面，爲了完滿達成任務，被指派擔任接待京都貴賓的「大名」，往往事先都得到吉良家送禮。（幕府不干涉這些細節）

這次淺野被指派擔任這項任務時，難道是故意不送禮的嗎？

事後才知道，事實上也並非如此。

因爲有關這件事，部下建部喜六、近藤政右衛門老早就提醒主公淺野長矩。但淺野對兩人說：「等三月十五日辦好一切事情再送！」

淺野長矩這次奉命負責接待京都貴賓其實是第二次，換句話說，他已經有經驗。更何況經過這麼多年，他的爲人處世，已進步很多。所以在人情世故方面，不可能不知道。

第二點談到個人學問、教養問題。淺野長矩身爲一名城主，在儒學、日本傳統舊學以及兵學方面大抵都已打好基礎。不僅如此，他直接就教於江戶時期大學者山鹿素行學習統治者之道……。整體而言，淺野的學問、教養應該符合他的身份的。相對的，由於吉良義央身世不凡，自然也飽讀詩書。就現存世的淺野的墨蹟和讀書筆記等來看，淺野的學問、素養是不會太差的。

第三種說法是指淺野沒有遠見、容易發怒誤事（短氣）。然而檢視淺野的成長過程，則知道未必是如此。

淺野長矩因父親早逝，九歲便就任五萬三千五百石赤穗城主。他自幼年起虛心學習、增廣見聞，在領地內博得好評，也未曾犯下什麼大錯，這從留下的赤穗史料中也可以佐證。因此，這種說法大概不能成立的。

有關第八種說法中提到製鹽技術問題，也似乎不能成立。吉良義央先祖封地，其實老早就產一種良質的「饗庭鹽」，客觀上沒有必要和赤穗地區的淺野打交道。反而是傳說吉良曾派遣「忍者」（間諜）潛入赤穗偷取當地製鹽秘密而對赤穗的鹽業生產造成負面影響。

第七項的精神問題，事件後，幕府最高行政官員的「老中」認定淺野長矩沒有精神問題。假若是有，只是一時的發作，與持續性病態的發狂不一樣。

針對四、五、六這幾項，是否可以歸爲在「松之迴廊」引起的刀傷事件有具體因果關係？——這是難以遽下定論的。

因此，江戶城內刀傷事件的眞正原因，尚無法具體歸於哪一項推測；因爲這些推測背後，沒有可信的理由來證明。

刀傷事件發生的元祿十四年（一七〇一年），主宰日本全國政權的幕府將軍是第五任的德川綱吉。

自德川家康（第一任）創立江戶幕府以來，在世襲的狀況下，歷經德川秀忠、德川家光、德川家綱，日本大致處於安定和平狀態。

德川綱吉於延寶八年（一六八〇年，清康熙十九年）繼承「征夷大將軍」（「將軍」的正式官銜）。就任以來，雖然也有一小部份負面評價。但好學而勤政的風格大致良好。尤其重用了柳澤吉保[10]這一位人才，對他的執政頗有加分。

德川綱吉就任以來，也一直十分重視江戶幕府和京都朝廷的關係，彼此的交流、禮儀都不敢怠慢。

三月十三日上午，爲了迎接京都貴賓，因爲身爲一名位居日本最高地位的將軍，所以就及早沐浴淨身，以表示內心的誠意和崇敬。

在將軍居處的「大奧」裡，德川綱吉由侍女服務洗完了澡，正在更衣時，「側用人」柳澤吉保進來通報：

「就在剛才，淺野長矩刀傷吉良義央，特來稟告將軍。」

原本心情平靜，準備趕去迎接京都貴賓的德川綱吉，聽了這一項壞消息，心中想到：

「淺野這個混蛋，居然在今天這麼重要的日子裡搞出這樣的事……。」

將軍自己都如此慎重，特別沐浴淨身以歡迎朝廷來使，而這個鄉巴佬城主，居然鬧出這樣令人難堪的事件！

將軍聽了報告，心中有些焦急，命令侍女趕忙為他擦乾身體，穿好衣服。

花了一點時間，著了正式禮服以後，將軍吩咐柳澤吉保來聽話。問起：

「在那裡發生的？」

「在『松之迴廊』發生的，將軍！」

「那不是就在『白書院』附近嗎？」——「白書院」就是今天安排京都使節和幕府將軍見面的場所。

將軍著急的問：

「那京都使節呢？」

柳澤回答：「暫時安排京都使節在『秋日廣間』稍事休息。」

已執政二十年的德川綱吉，雖說是一直過著太平日子，但辦事能力、判斷力已經十分老練，立刻下達命令：

「白書院」附近恐有血跡汙染，對來客不敬。晤面地點改

10：柳澤吉保，武州川越（今崎玉縣）九萬二千石城主。將軍的「側用人」。這個特別稱號似乎不雅，但在將軍重用下，柳澤的地位超過閣僚級的「老中」。

爲「黑書院」。立刻前往報告敕使、院使。並請求貴賓諒解。

接著又說：

「淺野長矩忘卻身負接待敕使之重任，更大膽在江戶城內持刀殺人；此人視將軍爲何物？簡直使將軍威信盡失，此事絕不能寬貸。如何處分，稍後下達命令。淺野長矩的任務，立刻通知下總佐倉（今千葉縣）城主戶田忠眞（能登守）代替承辦。並立刻查明淺野、吉良兩人糾紛的原因。」

武士執政看起來比較迅速、明快，說到做到。處事動作有如在戰場。

此時，德川綱吉已穿戴完畢，準備前往會晤京都貴賓。

由於將軍十分震怒，上上下下完全不敢怠慢。

在江戶城內「蘇鐵廣間」，淺野長矩一個人孤單的在裡面坐著。

不久，兩名「目付」（監察官）：多門傳八郎、進藤平八郎走了進來。

多門傳八郎筆挺的姿勢、態度嚴肅的說道：

「本人奉幕府之命負責審問，希望台端能照實回答！」

淺野回答：「遵命！」

多門開始審問：

「台端此次在城內刀傷吉良義央，可謂極爲大膽。針對此次事件，如有補充，可以說明。」

幕府的「目付」屬監察官，原本只負責掌管內部「旗本」（大抵沒封地的高階武士）和「御家人」（服侍將軍人員），既沒有封地，位階也比較低。今天，城主身份的淺野長矩被迫接受「目付」審問，而且口氣在斥責他「極爲大膽」，使淺野內心中有極大的挫敗感。——至少，活到現在，還不曾有人在面前這樣數落自己。

一方面，淺野長矩自己也感覺到事態的嚴重。

淺野回答：

「對於今天的事，本人沒有什麼辯解。本人對幕府並沒有一絲絲怨恨。事情的發生，只針對特定的一個人而已！」

接著又補充：

「對於在幕府內，又是京都貴賓蒞臨的日子裡，發生粗暴行爲，本人願意承擔一切責任，絕對沒有任何辯白。」說完並鞠躬。

問答後的淺野長矩，突然腦裡閃過一幅風景——

在江戶誕生、成長的他，九歲那一年奉命繼承父親而成爲領主，於是他才回到赤穗城。

當他半路經過祖父（淺野長直）時就已在經營的「東濱鹽田」，並從「川口屋」（鹽商）的「明遠樓」眺望附近景色時，一片優雅的景色使他一直沒有忘記。

淺野長矩不知道爲什麼自己突然想起那一幕，又淡淡的自言自語：「今生恐怕無緣欣賞那優美的景色啦！」這時淺野抬頭看了看多門的表情。

「蘇鐵廣間」的北隣是「檜木廣間」，吉良義央在這裡接受審問。兩名「目付」是：大久保權左衛門、久留十左衛門。

「目付」詢問：

「遭受淺野長矩拔刀殺害，到底是什麼恩怨？」大久保問起這件事的發生原因。

吉良回答：

「本人完全和淺野沒有任何過節，更沒有深仇大恨。我只能說，那是淺野發狂，才會有那種行爲！」

假若能認定淺野是發狂行爲，那麼依當時的規矩，自己可以免去懲罰，否則兩方都逃不了責任。

吉良義央認爲：「京都貴賓抵達江戶時，一定要每天去問候，並問問有沒有什麼事要交辦的。增上寺的榻榻米全部換新不也交代過的嗎？……」這些事，十七年前也都做過了，何以沒好好辦，搞得天下大亂。

其實，這背後存在一個關鍵性人物，那就是十七年前，赤穗藩的「家老」大石賴母助。由於此人十分能幹，大小事都能處理得完美無缺。吉良義央不知道或假裝不知道而已。

當天，京都貴賓抵達稍前，淺野長矩曾請教吉良義央：「今天可以比照昨天的儀式迎接貴賓嗎？」

而吉良義央卻不懷好意的說：「難道您連這個都不明白，那怎麼承辦這些事呀！」在累積四十年經驗的吉良看來，淺野實在經驗不足或太健忘了。

吉良一再強調，接待京都貴賓，自己是有責任協助處理，但自己並沒有踰越份內應該採取的立場，怎麼會讓對方懷恨在心？

審問已告一段落。

接下來，兩名「若年寄」[11]：加藤明英（佐渡守）、稻垣重富（對馬守）招來負責審問的四名「目付」（監察官），當面宣佈裁決結果：

「淺野長矩一名，放肆的在江戶城內，爲報復積怨，持刀砍殺吉良義央，行爲粗暴萬端。以此，立刻將人身交田村建顯（右京大夫）看管，並在今晚切腹！」

接著，加藤明英又說：

「有關吉良義央一名，在身臨危境之際，亦能考量當日京都貴賓之到來，以此未加反抗，事頗神妙。今決定不必處置吉良義央，只命其速回居所養病。」

——簡單的說，淺野奉命切腹自盡，而吉良並沒有接受任何處罰。

聽完了這一番話，多門傳八郎不覺心中有些不滿，漲紅著臉申訴著：

「淺野城主今晚切腹的事，可否稍予寬延？在下負責審問時，淺野表明對幕府並無任何抱怨。對於在江戶城內傷人，也深自反悔，淺野乃五萬三千五百石城主，其遠祖更是廣島四十二萬石領主。今日立刻下令切腹，似乎有些急迫？再說，淺野城主自我捨棄生命，且又面臨封地被沒收之危篤，如此不顧一切而復仇，想必有其深刻原因，也就是吉良義央有什麼差錯才對。」在場加藤、稻垣兩人好像也難以回答。

加藤說：

「且待請示上級看看。你們稍稍等待結果。」
於是將此事報告了值班「老中」土屋政直（相模守），土屋又去請問「側用人」柳澤吉保。
得到的結果是：這是「側用人」柳澤吉保的意見。
接著又說：「其實是將軍下令的！」
事情演變至此，明顯的，已經不能改變什麼了。多門傳八郎想到自己的身份，已經不敢再多嘴。兩名「若年寄」起立離開時，像是吹起一股寒冷的陰風！

11：「若年寄」，幕府內，比「老中」次一級的行政官員，可參與討論政務及重大案件。

二、花落

三月十四日下午五點（申刻）一行人進入田村宅邸，他們是奉派前來監督淺野長矩切腹的。一行人是：

「大目付」庄田（下總守）、「目付」多門傳八郎、大久保權左衛門，並由「徒目付」磯田武太夫帶領十名屬下來到田村宅邸。這些人是奉命來執行淺野長矩切腹的。

一行人先到田村宅邸內的「大書院」（會客場所）行見面禮；並由多門、大久保兩人對田村建顯請示：

「切腹場所可以讓我們看看嗎？」

不料田村卻直截了當的回答：

「那倒不必吧，反正吾等是依照幕府頒給的平面圖而佈置的。」

多門又說：

「我等是擔任監督切腹過程的，倘若事先沒有詳細檢查，一旦淺野城主已切腹，而出現小差錯，那麼我等是負不起這個責任的。」他以職責所在而加以反駁。

田村建顯心想、自己才是幕府指派的監視及執行者，何以職位極低的這些人插嘴，心中當然有些不愉快。

多門傳八郎，大久保權左衛門由田村家的屬下引導到切腹現場。

現場有一棵好大的銀杏樹。

地上散落一些櫻花花瓣，掃過地以後，依然又掉落了稀疏的幾片。庭院中由木板和竹子結成一個涼台形的空間，在草蓆上舖了三塊榻榻米，上面又舖了毛氈。上面掉了幾片白色花瓣。

四周張著布幔。

多門和大久保看了以後一直搖頭，兩個人覺得完全不能認同。

多門開口說：

「有關切腹場所的安排，剛才聽貴官說明這完全根據幕府指示的圖面作成的。然而，今日切腹者乃是五萬三千石的城主，安排在庭院中執行，未免太過草率。照常理，把他安排在室內，才符合武士的人情和幕府的制度的呀！」

田村建顯卻一派嚴肅的回覆道：

「事情經過並非如此。吾等原先亦規畫在室內執行。在室內榻榻米上，眾多監督以及工作人員的位置自然必須另行安排在高一段的地方。種種考慮，也都大致設計好了。但事先『大目付』報告值月『老中』土屋政直，卻指示在庭院中執行卽可。」

多門又追問：

「那麼，『大目付』看過現場佈置的示意圖了嗎？」

田村給予肯定的答覆。

三人回到「大書院」。

多門開始說話：

「我還是覺得切腹場所應放在室內。」

大久保也接腔：

「這次是五萬三千石城主，又是從五位下的身份呀！」

結果田村的口氣還是很堅持，說道：

「我想場地就在庭院內，沒什麼問題，何況幕府『老中』

也都同意了。」

針對切腹場地，你來我往的爭執不斷，

正還在爭辯中，有人通報：有一名赤穗城主的屬下片岡源五右衛門求見。

片岡此時三十五歲，乃是赤穗城主淺野長矩十分親近的屬下。因爲自幼年起就受城主的照顧，聽到噩耗，立刻趕來見主公最後一面。並且身上帶有城主淺野長矩的短札。

多門、大久保是傾向放他一馬去見最後一面的，但田村建顯並不贊同。

「大目付」的庄田打了個圓場。表示正式切腹之前，還有一些手續要辦，這空檔就圖個方便，完成一下那名屬下的心願吧。

武士規矩再嚴格，究竟「武士」也是「人」，人就有人情呀！

終於切腹的時辰來到了。

幕府派來的三人出現在現場，並宣佈即刻執行。

淺野長矩向衆人輕輕行禮，並鎮定的說：

「本人因處事不愼，欠缺顧慮，所受處分，絕無怨言。既奉命切腹自盡，願虛心接受並表示感恩！」

赤穗城主冷靜的向幕府人員報告，並沒有一絲恐懼或遲疑口氣。他想起日常接受學者山鹿素行指導。山鹿特別強調：「武士臨死也要堂堂正正、毫無恐懼的死，這才是一名眞正的武士。」

淺野長矩忽然想起趕來見最後一面的部下片岡源五右衛門，但沒有看見。

其實片岡守在一旁，一臉倉皇的正望著臨死的主公。

此時，淺野突然問著：

「記得吉良大人的傷口有兩處，不知後來情況如何？」

多門傳八郎回答：「額頭受傷了，傷勢並不重。大致不會有什麼生命危險的。」

多門的回答可以聽出來語帶溫和而同情。淺野長矩思前顧後，不禁掉了眼淚。

下午六點（酉刻），現場四周掛著許多提燈。鋪著白布的榻榻米上，漂下幾片櫻花——

吹著蕭颯風／在燦爛的花朵下／孤單的我呀／春天已即將

來到／那是一幅美景呦

在「短冊」[1]寫下了這一首「辭世詞」，淺野長矩暫時閉著雙眼。

少年時，返回故鄉赤穗就任城主，在「明遠樓」看到東濱鹽田的那一幕景色，忽然出現在眼前。

又忽然好像聽到每天來報告一切的「家老」大石良雄在對他說什麼。

至此，淺野長矩取來已準備好在一旁的短刀，身體挺直，用力刺向腹部。一瞬間，眼前好像出現了一名女子，「啊、阿久里[2]。」

守在背後的「介錯人」磯田武大夫迅速揮刀一砍，完成了他的任務。

一切的一切，只發生在同一天。

1：「短冊」，日本人填寫詩詞用的長條形硬紙。
2：「阿久里」，淺野夫人。

◇解說一：東照宮門主

在諸多意見之中，事實上有一位重要人物是純粹同情派的，那就是日光東照宮的「門主」（主管）公辨法親王。（東照宮祭祀德川幕府開創者德川家康，地位崇高）

這位「法親王」（即出家親王）既是後西天皇之子，又與當時幕府家族十分親近。此外，術、德兼備，十分有名望。

復仇事件發生不久的一七〇三年二月初，法親王循例進入江戶城會晤將軍德川綱吉。當天由將軍家安排「能樂」表演。德川綱吉在觀賞表演的一小段休息中，突然和法親王聊起四十七名赤穗武士爲主公復仇的案件，說起：

「從政者實在也很辛苦，時時爲天下事勞力、勞心。如近期內赤穗藩主淺野屬下之行爲，諸人之忠誠、熱忱乃近世少有，可考慮不加處分；但思考事關天下治理之大局，必須顧及體制的維持。因此實令人左右爲難。」

法親王聽了，回了一句：

「眞是勞心、勞力也。」

其餘不方便在將軍面前多言。

但一旦回到宿泊地之寬永寺，則向左右訴說自己的心情：

「這件事乃我內心中最痛苦之事。將軍對淺野部下行爲，似乎有若干通融之心意。然我等在顏面上，實不便開口懇求恕宥。此四十餘人，有許多血氣方剛之青壯年，則萬一事後走入歧途，可能傷及令名。念及我佛慈悲，若各人服於王法，亦爲解決方法之一。我思考如此，亦不便再言，遂退出江戶城。」

以法親王之思惟而言，正因爲四十六人皆服王法，以此衆人之芳名永垂不朽於歷史中，則似乎有其遠見。

而寺坂吉右衛門銜命返回赤穗一帶，其苦心固値得憐憫，但因未能與衆人成仁，反而在歷史上評價有所不同。

◇解說二：淺野長矩夫人（瑤泉院）

淺野長矩夫人，名阿久里（一六七四～一七一四年）。父淺野長治（因藩守）係備後國（今廣島縣）三次城主，食俸五萬石。亦即廣島淺野家支藩，而與赤穗藩係遠親。

延寶三年（一六七五年）與淺野長矩訂親，並經幕府認可。此時淺野長矩九歲，阿久里兩歲。五歲即由夫家迎接至赤穗。十歲時正式成婚。

婚後以至淺野長矩奉命切腹，均未生育。但夫君以阿久里才貌雙全，對她十分寵愛。兩人乃是一對鴛鴦夫妻。

父淺野長治師事學者山鹿素行，勤政愛民，是「大名」典範。阿久里受乃父影響，言行中規中矩且勤研學問。

夫長矩在江戶城內刀傷吉良義央，淺野之弟淺野長廣來報惡耗時，阿久里問起吉良義央之狀況如何，長廣支吾以對。阿久里正色斥責：「汝不像一名武士！」

阿久里在夫君切腹之夜，立即在江戶赤穗藩邸宅內落髮，並取名

「壽昌院」。後因「昌」字與將軍德川綱吉生母「桂昌院」一字相同，遂改名「瑤泉院」。

赤穗藩在江戶之邸宅被沒收時，她指揮家人淸楚移交後，由娘家接回位於赤坂之邸宅，沿途知情者均爲她落淚。

瑤泉院在四十七武士策劃行動中一直保持聯繫，並透過下人援助「家老」大石良雄一行人。

後世的歌舞伎《假名手本忠臣藏》中以「顏世御前」影射淺野長矩夫人。但劇中情節與史實並不相符。

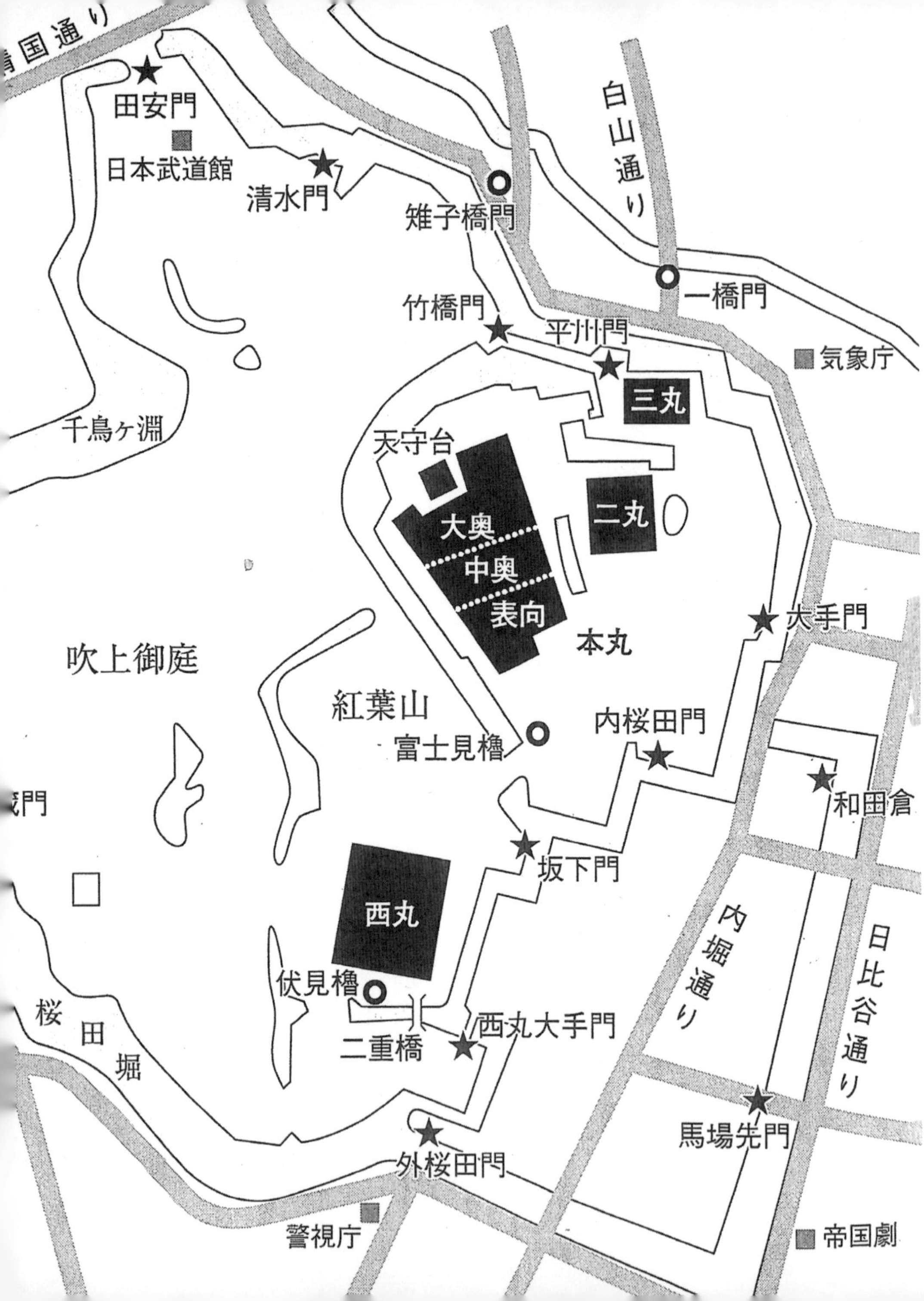

江戶城（現在皇居）示意圖

「本丸」（主棟）、「二丸」（第二棟）、「三丸」（第三棟）、「西丸」（西棟）。「大奧」是將軍內眷居所

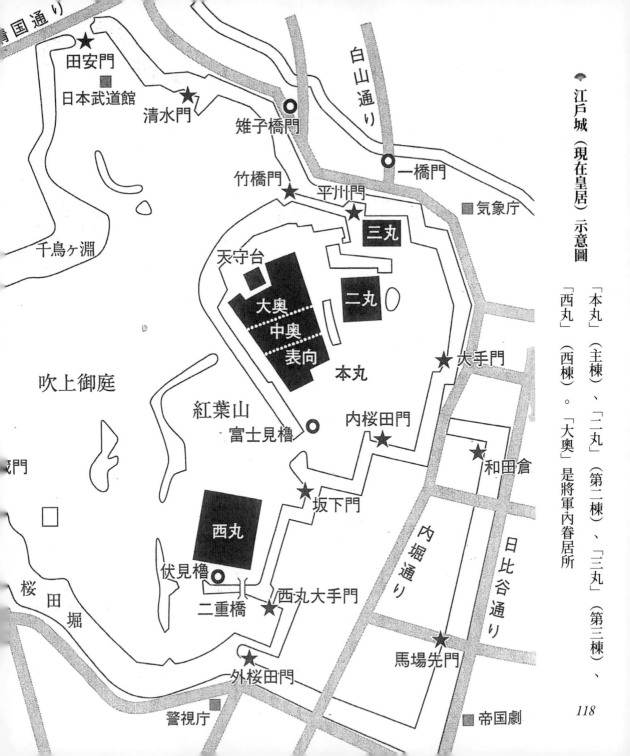

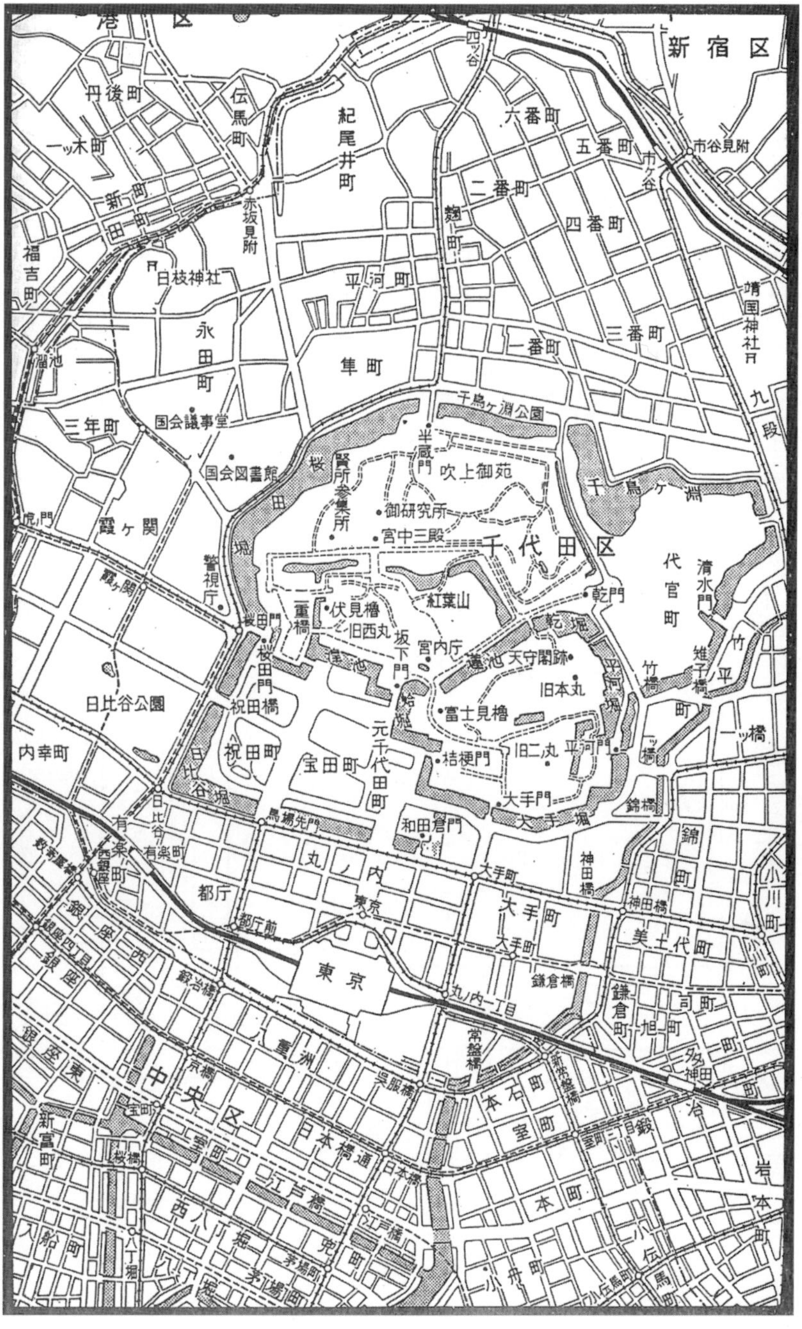

江戶中心部示意圖（正中央係江戶城）

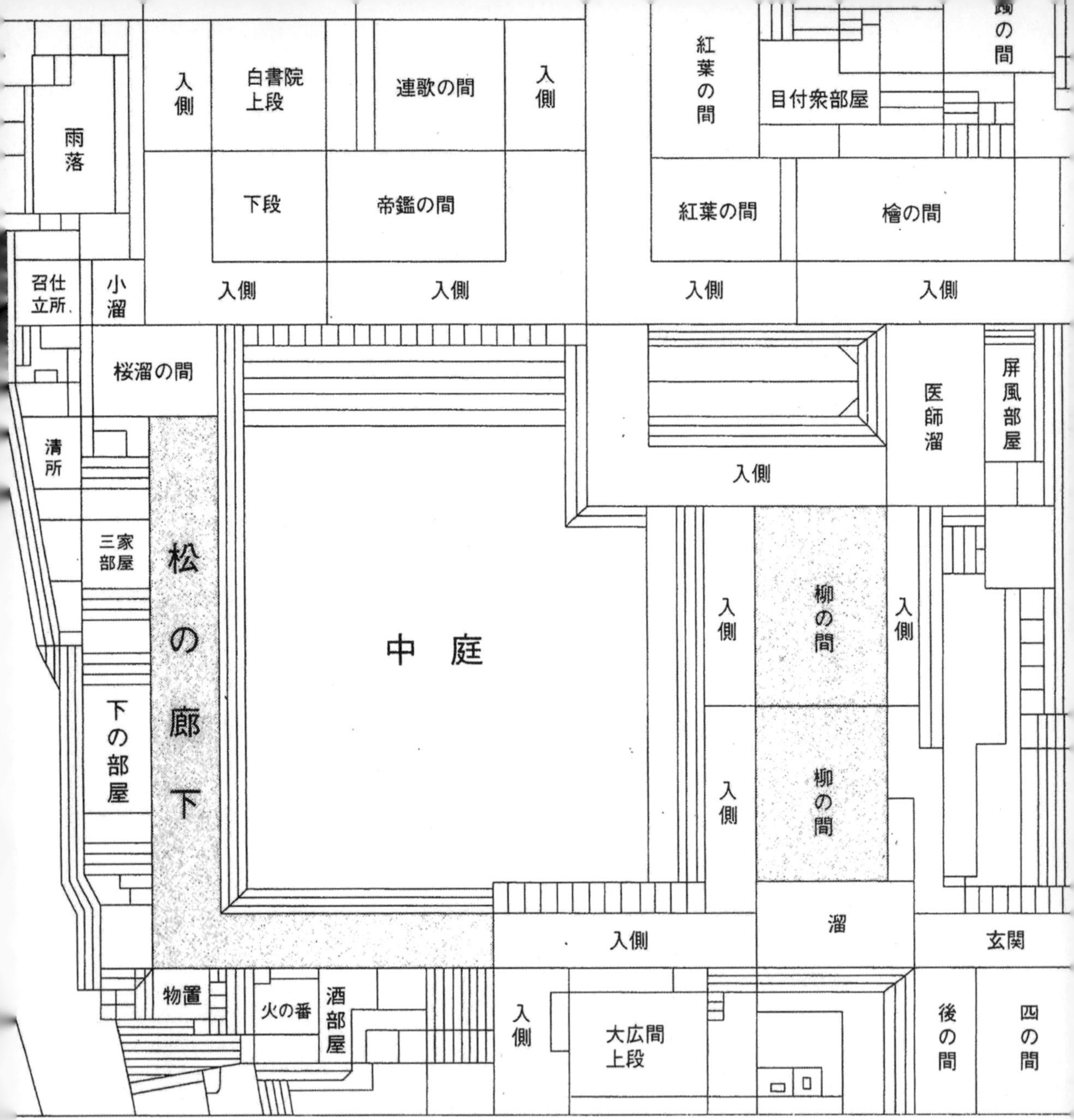
入側
白書院
上段
連歌の間
入側
紅葉の間
目付衆部屋
雨落
下段
帝鑑の間
紅葉の間
檜の間
召仕
立所
小溜
入側
入側
入側
入側
桜溜の間
医師溜
屛風部屋
清所
入側
三家部屋
松の廊下
中庭
入側
柳の間
入側
入側
柳の間
下の部屋
溜
入側
玄関
物置
火の番
酒部屋
入側
大広間
上段
後の間
四の間

「松之廊下」（迴廊）示意圖

刀傷事件地點（松之迴廊）

淺野長矩奉命切腹之地遺跡（在東京都港區新橋四丁目）

第三部

繳城

一、噩耗

「快！快！盡量快些！」

赤穗藩兩名武士：早水藤左衛門、萱野三平兩個人坐在日式轎子裡催促著轎夫。他們奉命將江戶發生的不幸消息負責回到故鄉通報。

播州赤穗離江戶一百五十五里（六百二十公里）。兩地之間，一般要走十七天，飛腳大約八天。

在沒有電訊的那個年代裡，當然只有增加速度並減少中途休息才能快速到達目的地。

三月十九日一大早，天沒亮的清晨五點，兩人已經回到赤穗城，速度是平日的好幾倍快——只花了不到五天的時間。

「家老」大石良雄在睡夢中被妻子叫醒，妻子說：「是江戶回來的使差！」

大石起身穿衣服，並交代：「請他們到辦公室（書院），並準備好早餐。」

來人說：「主公在江戶城內拔刀傷了別人！」

大石驚訝地回了一句：「什麼？拔刀殺人？」

接著又問起：「什麼時候發生的？」

兩人回答：「十四日上午。」

說到這裡，早水藤左衛門有些體力不支，快要倒下去的樣子。他是赤穗藩弓箭武術第一高手，平日也不斷在鍛鍊，身體強壯，好漢一個。但這次實在太勞累了，有些支撐不了。

一旁的萱野三平，也是一臉疲態，目前稍稍恢復了體力。

此時，外面傳來聲音：「早餐已準備好了！」

看到了熱騰騰的早餐，兩人像餓鬼似的把面前的食物一掃而光。

早水體力大致恢復了，自言自語：「進城時，在花岳寺捧水猛喝，實在有失武士體統，眞是慚愧！」

經過一番休息，早水從腰中掏出一紙書札遞交給大石良雄，補充說：

「主公所殺傷的人，是『高家』吉良義央。信札是主公令弟淺野長廣要我轉呈的。」

大石良雄走過來取了信札，坐在榻榻米上逐一閱讀。

已經天亮了，一個字一個字映入大石良雄的眼簾，每一個字都使大石良雄眼睛感到刺痛！

謹執筆奉聞。今日，即十四日主公進入江戶城接待京都貴賓時，曾刀傷吉良義央大人。此事立刻由「目付」（監察官）瞭解原因，對此無故傷人，實無言以對。幕府中「監務官」（監察）水野勝長、「目付」近藤平八郎、天野傳四郎諸大人傳宣「老中」交代：貴府要一切冷靜，不可引起騷動。領地赤穗城內諸人，以及赤穗民眾，不得有法外行動。其餘人員亦不可聚眾鬧事，以免發生徒勞之行為。

謹將諸事奉聞如上。

淺野長廣

三月十四日書奉

大石內藏助

大野九郎兵衛

又：早水藤左衛門、萱野三平兩人奉書之際，亦將補充委細，敬請諒察。

看完江戶來的信札，大石良雄發問：「十四日不正是京都貴賓進入江戶城答禮的那一天嗎？」

早水回答：「正是！」

大石又問：

「那麼重要的一天，居然刀傷負責指導儀式進行的吉良大人，眞是不可思議！早水是否陪主公去貴賓宿泊處所？」

一旁的萱野回答：「不是早水，是我陪同的。」

萱野補充說：「中途我確實陪著主公，進入江戶城以後我就不太清楚了。」

大石良雄表示知道了。

赤穗城「家老」此時一心一意想立刻飛奔到江戶去。主公身臨如此危難，身爲他的第一名部下，這時候不能在身邊分憂解勞，那成何體統？

想起十八年前，在江戶鐵砲洲官邸謁見主公時，他的一句：「故鄉赤穗城，一切都要由你偏勞啦！」

主公淺野長矩的信任和鼓勵，長久以來，一直不敢忘記。時時以當初勉勵自己的這一句話來鞭策自己。

希望能展翅立刻飛到江戶。

然而，主公的弟弟信中交代要暫時守護著赤穗城。同時也交代同樣是「家老」的大野九郎兵衛。

大石良雄冷靜的思考著：「此時千萬去不得，何況赤穗城可能會被幕府沒收。這時候更不能離開赤穗而一走了之。」

大石良雄一時眺望著庭院裡盛開的櫻花，遲疑片刻，馬上有很多事情立刻要辦，首先交代：「通知早水、萱野兩人，可以回去休息！」

又下令所有人員立刻集合，進入赤穗城，不得有誤。

接著令十四歲嫡男大石松之丞（後來的主稅）去請大野九郎兵衛過來。

大野俸祿六百五十石，乃是衆「家老」之一，雖是末席，卻掌有財政大權。

此時的赤穗藩有在地「家老」大石良雄及藤井又左衛門，而駐江戶則有安井彥右衛門。其中大石家屬世襲，安井家只能擔任一代。其餘還有每年輪流擔任的近藤家和坂田家。另外一位就是大野九郎兵衛。

大野匆忙趕來，立刻進入「大書院」，並朗聲問道：「聽說主公出了事？到底是什麼事？」

此時城內大鼓正聲聲敲得很響亮，這是緊急召集令，命令所有擔任任何職務的人均立刻集合。

大石良雄將淺野長廣的信札遞給大野。

大野邊看邊嘮叨著：「到底爲什麼會出這種事！」

橫向長條形的書札的一端抖得厲害。他說：「赤穗藩不會被消滅掉吧？」

大石卻回答：「有這種可能。」

大野問道：「主公到底和吉良義央有什麼深仇大恨呀？」

大石回答：「這個在下也不太清楚。」

大野繼續說著：

「在江戶城內，並且在貴賓到來的那一天，揮刀殺人，必定有嚴重糾結才對。再說，在主公眼裡有我們五萬三千石俸祿赤穗城的存在嗎？」

大野是一名高個子，比大石高出一個頭。針對突然發生的如此重大事件，一時兩個人愣在那裡。

過了一下子，大石好像忽然醒過的樣子說了一句：「言語要謹慎一點比較好！」語氣似乎有些警告的氣氛。

大野回了一句：「是的。」

這時，大石良雄又說：「主公在內心中經常記掛著赤穗，這是不必懷疑的。這次做出可能損及赤穗藩的大事，想來主公心中必有什麼不平。這是身爲屬下的我們要想辦法去理解的！」

大野聽了這一番話，馬上反應：「還是你能夠深思熟慮。佩服！」

大石良雄接下來說了一段話：「第二陣消息應該不久就會來到，大概也就可明白一切。此時此刻，我們兩人的任務，就如信札所指示的，顧好城內城外安全，這是最重要的職責。特別是你負責財務重責，尤其不能大意！」

說完話的大石良雄，望著庭院裡的櫻花。眼前這些櫻花樹，不知爲何比其他櫻花樹開得晚了一些。

第二波緊急通報的轎子於十九日下午七點來到大石邸。這次帶來主公淺野長矩奉命切腹的壞消息。

奉命回到赤穗的是原惣右衛門、大石瀨左衛門。大石是二十五歲青年，而原惣右衛門，五十四歲。——在當時已可以算是老人。

兩人是十四日夜裡十一點左右出發，到達赤穗時間也是五天左右。

其中的原惣右衛門，其實就在那一天的白天已忙碌了一陣子。

原先，他奉命在京都貴賓宿泊地（龍口）待命。

到了快中午，淺野長矩表弟美濃大垣城主、戶田氏經（采女正）[1]率同「目付」鈴木源五衛門、曾根五郎兵未來到這裡，他們是奉了「老中」土屋政直（相模守）的命令而來的。

帶頭的戶田氏經宣佈：「今日赤穗藩主淺野長矩已在江戶城內傷人，其負責招待京都貴賓之任務（御馳走役）立刻改由下總佐倉（今千葉縣）城主戶田忠貞（能登守）擔任。原赤穗藩之所有人員即時撤離！」

在場聽到命令的原惣右衛門，簡直是晴天霹靂般的反應不過來。但又猶豫不得。

匆忙趕到附近城濠的船家，掛上淺野家家徽，將佈置在室內的屏風、火爐乃至杯盤、碗盆全部搬上小船。下午一點左右，將所有物品運回鐵砲洲的淺野宅邸。

1：「采女正」，文官名，負責遴選侍女。

到了夜晚，他又突然被指派奔回赤穗去通報主公奉命切腹的消息。

原惚右衛門敍述著：「想起主公的心境，我自己也忘了年歲多少、疲憊與否？當接近故鄉赤穗鷹取嶺時，赤穗城已呈現在眼前，突然又想起主公已不在人世間，從此也不可能再看一眼啦……這時不禁潸然淚下！」

兩人把大石家準備好的藥湯喝完，稍微恢復了元氣。

原惚右衛門呈上了一份函札，乃是「老中」土屋政直（相模守）發出的信函：「貴藩主公之切腹，無論如何，該急速通知包含大石『家老』在內，赤穗的各位。此時，只能盡到如此……」

大石良雄只唸到這裡，原惚右衛門已悲傷倒地不起。大石良雄大聲的說：「別太傷心，一切有我大石來承擔！」一邊把他扶起來。

大石良雄讀完了信札，心裡想：「這件事未免懲罰太快了吧。而且面對五萬三千石城主似乎太苛刻……。再說，對方吉良沒事嗎？……這些事，我們都不知道。」

大石在轉瞬間想了一下，接著立刻傳達命令給在一旁的關重四郎：「傳令明天一大早所有人集合赤穗城，不得有誤！」

第二天清晨，赤穗藩大大小小人員全部集合，「家老」大石良雄把主公淺野長矩藩主因刀傷吉良義央而奉命切腹的事報告了。接下來，你一言，我一語，議論紛紛：「吉良大人死掉了嗎？」

「如果他沒死，有沒有受到處罰？」

「主公既然去世，我等應該殉死，才是武士行爲！」

「不行，那太便宜他啦。吾等堅守赤穗城，和幕府軍打一仗，看誰死誰活！」

……等等各人發表了許多意見。想起來，赤穗城是大家一起擁有的，一旦淺野家沒了，大家又將依靠何人呀！

最後，大石良雄的總結是：「主公既已奉命切腹，五萬三千石的淺野家封地想必會遭到撤銷。試想七年前，吾等奉命去接收備中松山城（現岡山縣），今日將有其他來接受赤穗城。那麼，難道大家想頑強抵抗幕府軍，一同死在這裡嗎？」

今早，主公的弟弟淺野長廣也在信中指示，絕不可引起任何騷動。因此，在凡事尚未弄清楚之前，目前最重要的設法讓赤穗的老百姓安心過日，這最要緊。」

大石良雄爲了瞭解吉良義央的生死，立刻指派荻原文左衛門立刻前往江戶打探實情。

同時，爲了未雨綢繆，立刻修書給和淺野家有親戚關係的淺野長澄（上佐守），萬一赤穗被接收、希望他指示如何應對。

另一件重要的事「藩札」的處理問題。

所謂「藩札」是封地內自行發行的紙幣，並不能通用到外地。一旦赤穗藩被沒收，赤穗自己的紙幣便形同廢紙。此時若換成金、銀就沒有問題。

大石良雄命令藩內「勘定奉行」（財務官）岡島八十右衛門，明天起接受藩內所有老百姓將藩札兌換金、銀，以免老百姓受害。

大石良雄明確的對岡島說：「萬一不好好處理這個問題而傷害赤穗的老百姓，那不僅僅傷了主公生前的令名，更會連累到淺野家的列祖列宗！」

岡島八十右衛門第二天便急速進行「藩札」的兌換工作。

宣佈了重要事項，大石良雄從城內第一棟房子走向第二棟。心情複雜的大石良雄失神般地望著院子裡的櫻花，心中納悶著：「江戶的櫻花不知在雪中綻開得如何呀？」

微帶暖意的海風，吹過臉龐。不久，夏季即將來到。在平日，可以在微風中萌起一絲絲幸福感。而如今卻記掛著主公淺野長矩遭受最嚴厲處分的心境。大石良雄一時有些悲從中來，腳步益發沉重。

大石心中雖然十分沉悶，但他立刻改變心態，自我警告：「如今赤穗藩的一切必須由我一個人承擔，絕不可萎靡下去，即將無法挽回一切。」

他思索著：「倘若赤穗藩可以維持不被沒收是萬幸。一旦宣布被廢絕，那一定按照武士的行事規矩，端端正正、清清楚楚的將所有人員撤出赤穗，再圖往後東山再起的可能。」

腦海裡，各種情景片段的呈現，及急速消失，上上下下，這麼多家族，此後將何去何從？大石良雄不得不憶及七年前的往事。

元祿六年（西元一六九三年、清康熙三十二年），備中松山（今岡山縣）城主水谷勝美（出羽守）以三十一歲之壯年急逝。由於無人可繼承，幕府決定廢絕該藩，並收回備中松山城。

按幕府規矩，此種情況下，立刻會指派鄰近之「大名」去接收，然後再將委細上報。

這次，赤穗藩受命去接收。

由於赤穗藩城主在江戶駐守，「家老」大石良雄奉命代表城主去執行。

二月，大石良雄帶領大批人馬準備接收城池。

話說對方（松山城）的「家老」鶴見內藏助原本學習日本戰國時代的武士，準備率領部下決死一戰，以保留顏面。

大石良雄知道對方將頑強抵抗，不僅不整軍對打，反而爲對方瞻前顧後，設想週到，終於感動了對方。

試想像，每一個城池裡，有多少武士和其他職務的人生存在其中，更何況這些人的子子孫孫的前途幾乎也全部寄託在這裡。一旦被廢絕，將是如何悲慘呀！

這背後，更有武士的顏面問題，備中松山城主基本上並沒有犯下滔天大罪，如此被沒收，心中難免有不平。

負起如此艱難任務的大石良雄，完全可以體會對方的心境，一再和對方的「家老」溝通，終於說服對方，而勸說所有人和平的撤出松山城。

在大石良雄的人馬進入松山城時，完全沒有武裝。這是一次完美的接收工作。

進城以後，在幕府宣佈將松山城改封給何人之前，大石良雄駐守在城內，並將城內各種設施、設備加以清理、整理，以達成使命。

大石良雄不久博得了令名。大家佩服他臨危受命，卻又將危機化解。赤穗的武士沒有一個人在松山發生戰鬥，這在當時是很少見的。

事至如今，一切也得坦然面對。

大石良雄的屬下之一的大野九郎兵衛乃是負責打點一下生活起居雜物的，爲了防備任何情況的發生，開始在「長屋門」外點起長夜燈，並駐守在附近，以便一旦有什麼動靜，隨時可以通報大家。在平日，可以在微風中萌起一絲絲幸福感。而如今卻記掛著主公淺野長矩遭受最嚴厲處分的心境。大石良雄一時有些悲從中來，腳步益發沉重。

大石心中雖然十分沉悶，但他立刻改變心態，自我警惕：「如今赤穗藩的一切必須由我一個人承擔，絕不可萎靡下去，那將無法挽回一切。」

他思索著：「倘若赤穗藩可以維持不被沒收是萬幸。一旦宣佈被廢絕，那一定按照武士的行事規矩，端端正正、清清楚楚的將所有人員撤出赤穗，再圖往後東山再起的可能。」

腦海裡，各種情景片斷片斷的呈現，及急速消失，上上下下，這麼多家族，此後將何去何從？

三月二十七日，又召開了一次全體人員出席的會議。

當天決議：呈上一份「陳情書」給幕府指派接收赤穗城的「目付役」荒木十左衛門、神原采女兩人。

「陳情書」的內容大致如下：

我等的主公奉命切腹、赤穗城又將被接收，眾人心中十分震驚。而當時吉良義央並未殞命，我等藩士以為吉良既仍健在人間，則何以要沒收赤穗城？年長者亦難以撫平青年之情緒。於此，我等雖不可干涉對吉良義央之處置方式，但總覺得心中不平。以此，懇請重新審判此案。

呈請書當然是由「家老」大石良雄具名提出的。

三月十九日，多川九左衛門、片岡治右衛門帶著陳請書前往江戶。

但不巧，當兩人四月四日抵達江戶時，「陳情書」投遞對象的荒木和神原兩人已離開江戶。

不得已，帶著「陳情書」的多川和片岡去見了赤穗藩駐守在江戶的「家老」安井彥右衛門、藤井又左衛門，問問他們有什麼看法。安井和藤井兩人認爲該去徵詢戶田氏定（采女正）的意見。

戶田氏定是大垣藩主（今岐阜縣），乃是淺野長矩的表兄弟。雖然如此，要求戶田氏定助一臂之力，在各自的立場上也是相當困難的。

這樣的安排其實是不聰明的，幕府的既定方針，可能因爲他們的激烈反應而改變嗎?在江戶的「家老」安井和藤井未免有些愚蠢。

來自赤穗的多川、片岡兩人卻乖乖的眞的把「陳情書」呈給戶田氏定。

究竟戶田的高度是不一樣的，他看過了「陳情書」以後，由下人告訴赤穗來的兩人：「這事是要不得的。將這份書狀呈給『目付』，他們不可能改變什麼的。萬一讓將軍知曉，那淺野之弟（淺野長廣）以及淺野的家人很可能因此惹禍，那就不妙了。總之，誠誠實實的交還城池，乃是爲你們主公淺野長矩設想的最好的唯一好辦法！」

多川、片岡兩人只得失望的回到赤穗。那是四月十一日。

大石良雄聽了詳細報告，頭腦裡想著，早知道如此，應該自己跑一趟才對。不過，如今後悔已晚。

他又想，也只有這一條可走了，乖乖地交出城池。

於是召集所有人前來參加開會。

大石良雄想了又想，終於下定決心宣告：「開闢赤穗城的乃是淺野長直公，如此苦心經營的城池卻不得不交出，我等食祿者，眞是情何以堪？但反思，我等箭頭指向幕府，那更不可行。如此一來，唯一的選擇就是集體在城內切腹以明志！」

大石良雄嚴肅的瞄著所有人。

在場衆人的眼神似乎並不一致。

這個問題自三月二十七日的集會上已透露過，大家意見並沒有統一。

大石朗聲說：

「有意見可以自由發表，不必在意！」

一旁還持著扇子的大野久郎兵衛發言，先說是個人淺見，供大家思考。前此的聚會他沒參加。他開頭說：

「一同切腹當然是武士的至性至情表現，遭遇如此困境，當然別無選擇。」

會場內氣氛似乎稍微放鬆。

大野卻又接著說道：「倘若我等在城內一同切腹，那麼主公的弟弟淺野長廣的立場將又如何？江戶來的訊息不是說，三月十五日，撤銷他所有公職、俸祿了嗎？我等一切腹，唯恐淺野長廣大人罪上加罪。所以，就目前的情況來看，應該順從幕府交出城池。之後，再等東山再起的那一天。」

其實，大野對這件事的發言，是話中帶有玄機的。真正目的是想逃避一死。

大野久郎兵衛並非土生土長的赤穗武士。只因他有理財長才，受聘到赤穗。此時，萬一赤穗沒了，反正再設想找一個新東家投靠過去，又何必白白送命呢。

有關淺野長廣這個人，他是城主淺野長矩的親弟弟，由於淺野長矩並無嫡裔，所以已內定由淺野長廣繼承赤穗城。

在大野發言以後，形成幾種不同意見：

◆集體切腹說

◆誠實繳城說

◆護城抗拒說

◆聲討吉良說

衆說紛紜、莫衷一是。

這時候，原惣右衛門激動的起立大聲發言：

「在座和大石『家老』不同意見的，我認爲不妨立刻退席比較恰當。」

原惣右衛門的發言是比較有重量的。首先他在主公進入江戶城內刀傷吉良義央以前，和他一起在京都貴賓宿泊處，算是和主公比較接近的。何況他也是第二批從江戶奔回故鄉赤穗報告噩耗的一份子。

五十四歲，經驗老到的他，發言自然比較受到尊重。

大野久郎兵衛聽了這一番話以後似乎有些不悅，起身離去，在場也有將近十人跟著離開。

看了這一幕，大石良雄繼續發表意見：「剛才已說過了，事件的對手吉良義央不僅人還健在，況且沒接受任何懲罰。自創立赤穗城的淺野長直大人以來，安定繁榮，如今卻即將被沒收，各人也將妻離子散，眞是情何以堪呀！」

情緒激動發言中，偶然衣襬飄起，現出了家徽。

衆人覺得今天「家老」是不是吃錯藥了，怎麼一直一直好激動。

原惣右衛門原則上贊同「家老」的看法，但辦法稍有不同，他說：

「倘若死守城內，向幕府挑戰，那我認爲萬萬不可。乾脆大家一同在正門切腹。而且在切腹前向幕府派遣人員申訴我們的苦衷。這一來說不定幕府對吉良義央的處分會有所改變。」

對大石良雄提議大家一同切腹的意見，也有不同看法：「大家若一同在大門切腹，勢必影響到幕府接收工作，如此一來，唯恐引發幕府的不快，而怪罪到淺野長廣（主公之弟）大人身上，那就更不妙啦。」

從江戶趕回來的片岡源五右衛門、磯貝十郎左衛門、田中貞四郎三個人一起表示；切腹可以，但是應該先找吉良義央復仇以後再說。

不過，大多數人贊成「家老」大石良雄的辦法。

贊同的人簽了一份「切結書」交給大石良雄，表示一切服從「家老」的決定。有七十四人交了這一份書狀。如包括沒來開會（駐守外地）的人在內，人數可能更多。

稍事休息後，會議又再開始。

大石良雄說：「各位的切結書都在我手上了，各位的赤誠之心深深讓我感動！」

他向大家深深一鞠躬。

接著又說：「關於這件事，我還有一些補充。既然我們決心爲主公切腹殉死，今後一定要衆人團結一心，沒有異議。而且要像主公還健在一般的平安過日。」

聽了這些說明，原惣右衛門內心驚訝得幾乎叫出聲音。他心裡想，今天「家老」怎麼說話不太對勁呀？

大石又說：「城池老老實實交給幕府，吾等暫時離散四處。」

大家認爲這不是和先前大野久郎兵衛的說法一模一樣嗎？不過，原惣右衛門馬上理解到，「家老」大石良雄的所說的辦法，其中一定藏有什麼玄機的。所以大石良雄又說了一句：「我們一旦分散，之後再集合到某地共商大事。」

會議結束時已過了中午。

水池旁燦爛的綻放著白色櫻花，徐徐海風一陣陣輕輕吹過來。

「藩札」兌換成金、銀的工作，自從江戶派人回來通報，第二天的三月二十日便啓動行政機制，讓老百姓自由兌換。大家對這件攸關生存、生活的處理方式心存感激。

另一方面，藩內的武士，每人分配了一份「臨時支付款」，四月五日就全部支付。這件事由「勘定奉行」（財務官）負責處理。

「臨時支付款」分爲三級，依照各人的階級、職務加以區別，大致分爲十八兩、十四兩以及其他（較少）三種。並且有顧及經濟條件較差者。

對這次「臨時支付款」不滿的，只有最資淺的「家老」大野久郎兵衛。

在全體會議中，大野久郎兵衛不同意切腹而退席時，自己輕輕的說了一句：「勘定奉行一定也是同道吧。」這句話在場有人聽到了。

在諸多成員之中，大致都奉公守法。只有大野久郎兵衛一個人捲款逃跑了。

大野內心對大石良雄、原惣右衛門、岡島八十右衛門一直心存不滿，因此一走了之。

這其中、三十六歲的岡島八十右衛門其實是原惣右衛門的親弟弟，過繼到岡島家的。此人剛愎正直、一絲不苟，所以「家老」大石良雄命令他擔任「藩札」的兌換任務。

聽到大野久郎兵衛的不軌行爲，十一日的夜裡，岡島一個人直奔赤穗城後門附近的大野家，準備找他理論。
守門的人硬是不開門，只說主人目前不方便見客。岡島偷偷繞道一邊，闖進院子裡，走到大野臥室外面大聲喊叫。大野心虛不敢出來面對。
不得已，岡島跑到大野的親弟弟伊藤五右衛門家，把一切事情告訴對方。
遇雨天，聽說大野久郎兵衛帶著兒子郡右衛門，趁著月黑風高之際，搭船逃出赤穗地區，另找出路去了。

四月十四日，赤穗城主淺野長矩在江戶切腹已經過一個月了。
赤穗藩駐守在江戶的諸人，為主公在泉岳寺建了墓碑，讓淺野身後安息。
在故鄉赤穗，大石良雄指示部下到各寺院奔走，凡是和淺野家有因緣的，一一由赤穗藩捐獻金銀、土地、山林……等，以便長久追思故人。
這些寺院有：

◆花岳寺──這裡供有淺野長重、長直、長友、長矩的牌位
◆高光寺──供有淺野長直夫人，以及長重之女的牌位
◆大連寺──供有長友夫人牌位
◆遠林寺──淺野家信仰中心之佛寺
◆京都大德寺瑞光院
◆高野山悉地院

大石良雄在內心深處細想，即便幕府將淺野家「大名」身份廢除，但歷代淺野家人仍可安息在赤穗一帶以及京都、高野山的佛寺中。身爲數代受淺野家照顧的一份子，才得以報答恩重如山於萬分之一。

大石良雄將大小事交代好了，天都快黑了，正想休息一下時，部下來通知：有人從江戶回到赤穗要見您。

招呼三個人進來就坐。三個人是：堀部安兵衛、奧田孫太夫、高田郡兵衛。

堀部開口說：「吉良義央還活得好好的。在他平安無事的情況下，要我們交出赤穗城，這完全不能沉默。」

接著，奧田孫太夫說：「在江戶曾討論如何爲主公報一箭之仇，但是大部份人認爲這種作法不妥。我們三個完全志同道合，所以回來赤穗和大家商量看看。」

奧田已五十五歲，在江戶是負責武器保管使用的「武具奉行」。他們三個人花了十天徒步走回來赤穗。

奧田自己說：「想來想去，唯一的辦法就是堅守赤穗城而寧死不屈啦！」

「家老」大石良雄開始說明：「各位且待我慢慢說清楚。在全體會議中，已決議順從幕府、平靜交出城池、並且已公開向淺野光晟（安藝守）、戶田忠貞（采女正）兩人保證不會反悔。如今不可能再改變。」

大石良雄的語氣是斬釘截鐵、毫不含糊的。

三個人暫時回去休息了。

在江戶，三個人已決心守城對抗幕府軍，寧死不屈。昨天的一番話，可能只是大石良雄自己的想法而已。三個人決定說服其他人。若是大部份人贊同，相信大石一個人也不會太堅持了。

四月十五日，幕府命令赤穗藩衆武士前往遠林寺集合聽令。一大清早，各人都忙著搬運個人物品。

剛從江戶回來的堀部、奧田、高田三個人不死心，趕到遠林寺想說服衆人。第一個碰到奧野將監。便開始推銷三人的想法。

不料奧野不假思索的回答道：「我個人同意大石良雄『家老』的意見，平靜交回城池。」

雖然第一個就碰到釘子，三個人還是一個一個的拜託他們可不可以參加三個人的行動。但全部遭到拒絕。

三個人此時很失望。因爲只有他們三個人守住赤穗城，那不是螳螂擋車嗎？必定一敗塗地的。

這時候剛好大石良雄出現了。

他問：「說明工作有效嗎？」

三人回答：「那裡，大家都聽您家老大人的。沒人理會我們。」

於是，大石良雄說：「我想也是如此。不過，你們辛苦奔走爲這件事回到赤穗來，我不會讓你們白走一趟的。我自己也不會讓我們赤穗城這麼簡單交出去的。但是，現在你們暫時相信我，跟我一起行動。」

三個人聽了這一番話，似乎也不知道要說什麼。

不久，在交出赤穗城以後，這三個人又回到江戶。日後在攻入吉良宅邸的復仇行動中，三個人屬第一線激進派。

幕府將接收赤穗藩城的消息在各地傳開來了；也傳說赤穗藩會抵抗到底，如此以訛傳訛。

不論傳言的可靠性如何，幕府當然事先在接收過程中暗中會有兵力佈置，以防萬一。

不僅如此，以當時的政治結構而言，鄰近赤穗藩的一部份封地，爲了自保也同時向幕府表示效忠，紛紛佈置兵力、戰船……等。

一、岡山藩主松平岡政（伊予守）鑑於鄰近赤穗，在兩地交界處附近，佈置了六百名戰士，以防不測。

二、讚岐（今香川縣）藩主松平賴常（讚岐守）因隔海和赤穗遙遠相望，因此準備了八百艘戰船。

三、淡路島蜂須賀家，也因近鄰赤穗，所以有大批戰船待命，隨時可以出征。

四、丸龜（今香川縣內）的京極縫殿介，因同樣在海邊，所以也準備好戰船，隨時待命。

五、明石城主（今兵庫縣內）松平直明（若狹守）在海、陸兩方面均佈置了軍隊。

六、鳥取（今鳥取縣）池田家也充份作了準備。

以上這些藩主的領地，全部包圍在赤穗四周，其中也有隔海相望的。

另一方面，幕府的安排如何？事實上，在事件發生後的第二天（三月十五日）幕閣已經任命了相關的負責人。亦即：

接收赤穗城任務——播州龍野（今兵庫縣）城主脇坂安元（淡路守）、備中足守（今岡山縣）城主木下廣達（肥後守）

「目付」（監察官）——荒木十左衛門、神原采女

領地「代官」（臨時看管人員）——石原新左衛門、岡田庄太夫

一行人（包括各人的從屬部下）浩浩蕩蕩出發，由江戶開往接收地（赤穗）。

赤穗城內、一下子，上上下下許多人不知何去何從？

二、繳城

四月十六日，幕府派遣了「目付」荒木十左衛門、神原采女前來赤穗，準備接收赤穗城。

赤穗「家老」大石良雄帶了一名屬下植村與五左衛門在城外東町口迎接兩人，並陪伴他們前往事先安排的住宿地點。

第二天（十七日），帶領奧野將監等人到幕府派遣人員住處報到。

荒木十左衛門對諸人說：「此次因貴藩主在江戶城內拔刀傷人而奉命切腹，並判決收回城池。我等希望赤穗藩眾人充分與接收代表脇安元、木下廣達兩位大人合作，不可發生任何事端。」

荒木稍停了一下，接著又補充：「淺野城主發生的傷人事件，並非針對幕府，此事已十分明白，以此藩內的各位並無任何罪過。交出城池以後，可以寬延一個月內進行搬遷。各人之中，願留住赤穗者可經申請，繼續留住，欲離去者也須登記。其中，準備遷居外地者，可頒發『手形』[1]交付當事人使用。」

大石良雄深深鞠躬，並申謝：「承蒙多關照，十分感恩！」荒木宣佈的許多事情，可以感受到其中包含了溫情。

當然，必須放棄赤穗城這一點完全沒有商量餘地了。

此外，大石良雄一直有一個疑問：主公奉命切腹時是在田村家庭院進行的。這一點多少是有疑點。以淺野長矩的身份、地位，似乎不宜如此安排（一般是在室內）；事後，有兩三位「大名」在打探爲何是此種方式。到底是誰決定的？

幕府「老中」知道了以後，找來當天執行人員的庄田（下總守）、多門傳八郎、大久保權左衛門進行調查。由於當天庄田的處理欠妥，三月十九日，幕府撤去他「大目付」的職務。

這前後經過，大石良雄已知道，但他心中依然有些納悶。

1：「手形」：一種通過「關所」（檢查站）必須提示的證明，類似現在的「簽證」。一般是用木頭製作。

十七日中午，幕府派來暫時代管赤穗土地的石原新左衛門、岡田庄太夫兩人抵達。大石良雄、奧野將監、田中清兵衛、間瀨久太夫四人在正門外一座橋旁迎接。

大石等人引導石原、岡田四處巡視。

接著進入了本棟一個房間休息，並奉茶招待。

先已到達的「目付」荒木、神原，加上今天來到的石原、岡田都在場，大石開始講話。

「此次，吾等的領主淺野長矩因故造成必須交出城池。目前，吾等藩內所有人員均冷靜和平退出，請放心，不必擔心任何事情。此地乃吾等長久生活之地，心中難免有所不捨，還請諸位諒察。」

大石良雄說到這裡，眼睛瞄向四人，接著又說：「有關主公淺野家，先祖淺野長重（采女正）曾跟隨『東照權現』（德川家康）以及『台德院』（德川秀忠）。此次事件後，如完全斷絕淺野家後代，吾等臣下內心無限痛苦。自江戶聽聞，吾等主公之弟淺野長廣大人，已接到命令，今後禁制一切公開行動（閉門）。實際上，淺野長廣大人已內定爲藩主繼承人。吾等衆人立即將離散四處，亦十分掛心長廣大人的處境！諸位任務完成返回江戶時，懇請高抬貴手，爲淺野長廣大人美言幾句，以恢復其從事公職之身份。」

在這一番話中，完全沒有提到事件對方吉良義央的問題，以免節外生枝，反而不妙。這是大石良雄的深慮之處。

荒木喝著茶、手上拿著茶點，瞄著另外那三個人。但三個人一致沉默無語。

荒木站了起來，其餘三人也跟著站起來，一起走向「大書院」（大廣間）。馬上有人奉上茶水。

四處巡視完畢以後，四人準備離去時，大石良雄慰留他們在玄關旁的一個小房間。大家坐定時，大石向四人一鞠躬，開始說話：「再三嘮叨，實在不敬。已數次報告各位，此次吾等主公一時欠慮而引發交出城池。吾等在惶恐中敬謹的遵守命令撤離。唯一記掛主公之弟淺野長廣如今下落不明，吾等實在不能安心。懇請諸位盡量出力賜予成全，不勝感激！」

如今淺野家面臨斷絕香火傳承，倘若淺野長廣能獲得饒恕，則日後可圖東山再起，這是赤穗藩所有人的深切期望。

聽了好幾次大石的申訴，在場的石原也開口了：「赤穗『家老』這一番話，很有道理。我們回到江戶向『老中』求情，大概也無傷大雅吧！」

石原把眼神拋向荒木。荒木接腔：「我也可以贊同如此想法。」

於是大石馬上又補了一句：「容我再報告一次。各位大人倘若能幫忙使淺野長廣恢復自由身，並任公職，那麼吾等赤穗藩全體老幼，將永遠記得這個恩德！」

石原又問，神原有什麼看法，他回答：「我也十分贊同！」荒木就明確的說：「回到江戶，立刻向『老中』稟報這件事，您就轉知所有人，叫他們安心。」

大石良雄至此向四人慎重的行禮答謝。

荒木叫了一聲：「大石家老！」接著說：「我等接收前置工作已完畢。所有事務均有條不紊，完美無缺，使我等四人相當感動。掃除得乾乾淨淨，一塵不染。此種經驗，我還是第一次。」

大石良雄回答：「承蒙過獎，愧不敢當！」

深深鞠躬的大石，想起藩內所有人全體戮力合作，上下一心以達成任務，內心感慨得幾乎流淚。

在前置作業已完成的情況下，正式接收人員的脇坂安元

（淡路守）在十八日夜晚到達赤穗，另一位木下廣達（肥後守）則於翌晨到達。兩邊人馬加起來共有四千五百四十五人。可見幕府的態度多麼慎重。

上午七點，脇坂帶頭由正門進入赤穗城，由荒木十左衛門陪同巡視各建築物及內部。

木下則由神元采女前導，由鹽屋門進城，並集合在第二大棟。

財產、物品交接目錄一清二楚、鉅細靡遺。並且考慮到搬運、提領的便利性。

接收的脇坂、木下以及大批他們的家臣，看了十分感動。前此已檢視過一遍的四人又再次表示對大石良雄十分佩服。

所有交城手續大致完成。

時間已大約是下午四點。大石良雄達成任務之後，率領在現場工作的赤穗藩人員即將從「清水門」退出。從現在起，他們不准再從正門（大手門）進出了。

大石和衆人正準備離開時，背後突然有人叫他：「大石家老！請稍等！」

回頭一看，原來是主公淺野長矩的同宗親戚淺野光晟（安藝守）派了家人井上團右衛門來瞭解交城狀況的。

井上直接了當的告訴大石良雄：

「今天的交城過程，我都詳細看了，佩服！佩服！我不妨坦白告訴您，萬一交城發生問題，我準備和您拚個死活的。但是，您是了不起的人。今天我親眼目睹您的所作所爲，眞是敬佩得沒話說！此後，凡是提到您的大名，我一定加上『足下』(日文「殿」之意)，表示崇敬！」

大石良雄輕輕的點頭行禮以後，隨衆人走出清水門。想起自今天起，再也進不了畢生難忘的赤穗城，不禁悲從中起、百感交集。

何況大石家自先祖以來，一直都服侍淺野家的，如今卻面臨如此不堪的局面。

清水門旁的老松，吹起一陣一陣蕭颯松風，似乎在送別情緒黯淡的衆人。

今後，大家將各奔西東。

四月十九日，大石良雄率領團隊，淸淸楚楚，和平的把赤穗城的一切交給幕府代表脇坂安元、木下廣達。接收者也都表示滿意。

大石良雄暫時借住在郊外尾崎一戶人家，每天到臨時辦公室的遠林寺，花了將近一個月時間，終於把一些瑣碎的事務一一解決完畢。

原本就要離開傷心地（赤穗）的大石良雄，不巧左手長了一個膿包，因爲事忙沒去管它，結果惡化到身體不適而躺著休息好幾天。

六月中旬，大石安排妻、兒先行坐船到大阪。這樣的安排也另有一個意義的。那就是多年來，妻子希望參觀大阪的「天神祭禮」而一直沒有實現。這次在時間上可以配合，可實現妻子的願望。

此行妻子帶著長男松之丞（後改名主稅、參加復仇行動）、次男吉千代以及兩名女兒。

大石良雄吩咐妻子，在大阪旅遊之後，預定前往京都山科，暫時寄居位於洛東（京都東部）休養一陣子。

六月下旬，左手的毛病也痊癒了。他準備再過幾天就出發，去和妻兒會合。

在準備一些雜物時，意外的來了一名不速之客。乃是過去在大石家打雜的八助。他是尾崎村人，因爲年紀大了，自己向大石家要求辭退回去養老。
多年不見，兩人都很高興。
八助開始說話：「淺野主公的城池被沒收，主人您一定很難過。聽說主人您預定要搬到京都去住。可惜我這老身已經沒什麼用，否則不論主人您去江戶、或去京都，都應該追隨在您身邊盡一點心力。年老了，只會拖累您，所以不敢說什麼。」
八助的臉龐也許是長年生活在海風中，已經有好多皺紋，精神倒是還不錯。在大石面前，誠懇、謙虛的說著話。
他又開口說：「八助從主人的上一代起蒙受照顧，而現在卻不能報恩，令人感到慚愧！」
大石聽了這些，回答他：「好了、好了。有你這一份心意，我就很滿意了。」
八助卻又說：「今天來見主人，乃是希望主人能不能賞識賜我一點點東西，以便留在身邊做紀念。我朝朝暮暮都會看它。」
大石點了點頭，表示同意。也就從背面一個木箱取出一包東西放在八助面前。
八助問起這是什麼東西？
大石說：「黃金啦，少了些，別見怪！」

八助抬起頭、慢慢一句、一句的說：「主人您會錯意了，八助不是來要錢的。我是希望主人賞給我一件日常用品之類的東西，我在思念主人時，就可以拿出來看看，以安慰自己。我怎麼有臉來向主人要錢呀！」

八助眼眶裡含著淚光的訴說著。

大石嚴肅的表示：「八助，我向你道歉，眞的錯怪你了。不能瞭解你的眞正心意，實在是我一時糊塗。這樣吧，我畫一幅水墨畫送你。雖然我倆不能一起去京都山科，但是，讓畫中的我們隨時在一起，那不是很好嗎？」

大石良雄取出筆、墨準備畫一幅水墨畫。

八助追問：「主人您說什麼，我沒聽清楚。」

「水墨畫啦，我現在就畫一張送你。」

八助又問：「後面主人又說了什麼？我不太了解。」

大石於是再說了一遍：「我說，想到你的這一份心意，就畫一張我們兩人一起在京都山科的圖畫，這不是很有意思嗎？」

八助終於聽懂了，但是又說著：「這次淺野主公發生這麼大的變故，聽說對方吉良這個人卻平安無事，而因此主人您也受累了。這一來，主人您眞的就要躲到京都山科，這樣會甘心嗎？」

既然八助都要追根到底問清楚，大石良雄也只好把自己的眞正計劃說出來了：「八助，你還蠻厲害的，問東問西，我只好把事實跟你說了。我絕對不是要躲到京都山科去了卻一生的。我去那裡，是準備好好策劃，以便東山再起的！」

大石說完了就開始動筆。

大石青年時代曾學過畫，毛筆字也寫得很好，文武兩道都有相當水準。畫中是一名戴著斗笠的年輕武士在路上前進，旁邊跟隨著一名僕從。大石展示給八助看：「你看，我們兩個人都這麼年輕！」

八助愼重的收起水墨畫，深深鞠躬，並表示一定要妥善保管，當作傳家寶，歡天喜地的回去了。

六月二十五日，大石良雄離開赤穗。

他從伊和都比賣神社附近的新濱港不捨的遠眺故鄉的一切，山頂上一棵老松樹似乎在向他道別。

船開離港口，景色漸漸模糊了。

大石良雄一輩子終於未能再踏上赤穗的土地一步！

◇解說一：大野九郎兵衛

在「忠臣藏」故事裡，四十七人的名字並沒有包括原「家老」（主管財政）大野九郎兵衛。

這是因爲大野九郎兵衛在繳城以後，取了他那一份「分配款」（據說數字很大）而離開衆人，甚至不清楚他後來的行蹤。後世，從大野的舊居移了一棵柳樹，命名爲「不忠義柳」，而從大石良雄宅移來櫻花樹，命名爲「忠義櫻」，都種在花岳寺。

但從後世的蛛絲馬跡來看，似乎不是如此。

首先，後來知道，在赤穗武士蟄居各地準備復仇的一年多期間，大野和大石良雄是有聯繫的，甚至有多次金錢往來紀錄，那麼，大野也許不是蓄意逃亡的。

另一個證據是：在通往米澤（吉良義央兒子上杉綱憲的封地所在）的板谷嶺的古道旁，如今依然聳立著一塊「大野九郎兵衛供養碑」。

米澤市政府更有一塊木牌敍述它的由來：赤穗藩淺野家「家老」

大野九郎兵衛在繳城時與大石良雄密謀，萬一江戶的復仇沒能成功，則吉良義央勢必將逃往米澤投靠上杉綱憲，此時，先準備好在進入米澤的通路口附近埋伏，以便和同志們舉事。但聽說江戶復仇行動已一舉成功，所有人均切腹自盡。大野等人也認爲任務已達成，在當地自盡。

米澤市政府所立的木牌文字內容，明確的提到大野事先和大石約定好，他負責第二波的復仇行動，在半路上守株待兔以便砍殺吉良義央……如果這是事實，說不定他也應該合葬在江戶泉岳寺才合乎道理。

事實上，幾種說法都缺乏可靠的歷史證據。大野九郎兵衛爲主公復仇的計劃流爲傳說而已。

並且，如同中國民間故事的「梁祝」有好幾種版本（山東、杭州……等），大野半路復仇的說法，除了板谷嶺一地，另外還傳說是在群馬縣磯部溫泉附近、以及福島縣庭坂嶺，直到現在還沒有人能查證清楚。

◇解說二：花岳寺

台雲山花岳寺，位於赤穗，與江戶泉岳寺同爲曹洞宗名剎。

西元一六四五年，淺野長直自常陸笠間（今茨城縣）轉封到赤穗時，爲紀念父母而興建。寺名、山名均取自父母之佛教法號——

「華嶽（花岳）院殿鐵山道牛大居士」（父長重）

「台雲院殿月心宗珠大姊」（母）

開山以來，屬淺野家、永井家、森家之信仰佛寺。

寺內有淺野家歷代藩主墓、大石家墓、及建城功勞者近藤正純墓。元文四年（一七三九年）又增設四十七武士墓。

享保年間（一七一六—一七三五年）設立「義士木像堂」、大正二年（一九一三年）又設立「義士寶物館」。「寶物館」中陳列有：山鹿素行、淺野長矩、大石良雄之書畫以及相關之歷史文物。其中也有片岡源五右衛門之書狀、大高源五寄呈母親之信札。今日之山門乃原赤穗城鹽屋門移來此地的。

（交通：JR赤穗線播州赤穗站下車，徒步十分鐘）

赤穗城塩屋門遺跡

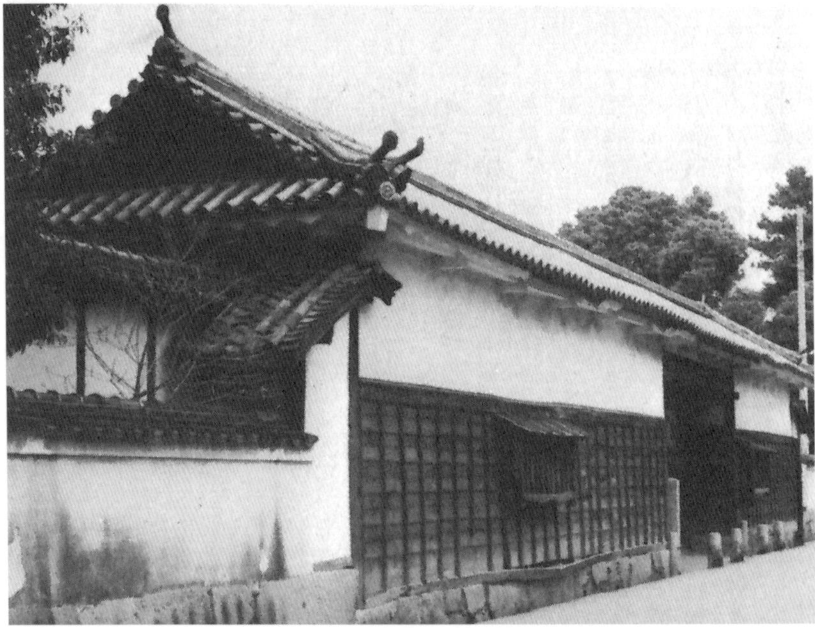

大石良雄邸遺跡

京都、山科之大石良雄住宅

赤穗，花岳寺的「忠義櫻」（左）和「不忠義柳」（右）

東京
丸ノ内
大手町
神田橋
鎌倉橋
鎌倉町
常盤橋
新常盤橋
呉服橋
日本橋
江戸橋
室町
本石町
中央区
八重洲
日本橋通
鍛冶橋
京橋
日比谷
有楽町
馬場先門
和田倉門
大手門
平河門
旧二丸
富士見櫓
桔梗門
千代田町
宝田町
祝田町
錦町
美土代町
旭町
司町
八丁堀

第四部

蟄伏

千鳥ケ淵公園
吹上御苑
千代田区
紅葉山
半蔵門
乾門
清水門
代官町
宮中三殿
御研究所
桜田堀
国会図書館
国会議事堂
警視庁
霞ケ関
永田町
日枝神社
平河町
隼町
紀尾井町
赤坂見附
三番町
四番町
一番町
麹町
伝馬町

一、京都、大阪

大石良雄搭船到大阪，之後轉往京都。

到達京都、山科、西野山村時，已經是六月二十八日。這以後，總計大石良雄前後在此地住了一年又四個月。

之所以選擇這裡，第一個理由是大石的姑丈進藤源四郎此地擁有土地，交涉起來很方便。而且進藤乃是赤穗藩內領有四百石俸祿的人員。

大石良雄的老家在近江國（今滋賀縣）栗太郡大石村，在地理上，從此地越過一座山便是京都。兩地彼此有親戚關係的人不少。

不過，大石良雄之所以選擇此地，並非只有這樣單純的理由。

倘若讀者能親自到京都、山科，看看大石良雄宅邸遺跡，便可以清楚其背後還有些具體理由。

在這裡好好觀察一下就可以瞭解許多事情。首先，大城鎮宇治離此只有五公里，而越過逢坂山便是通往江戶的道路。附近岩屋寺一帶是一處台地，可以看到下方來往江戶的行人。那就是說在這裡，多少可以掌握江戶的信息。

也就是說，這裡的優點就是，雖然僻居山區，交通卻十分便利，又可以觀察人世間的動態。一方面又和京都保持若干距離，沒有紛紛擾擾的感覺。在此隱居，實在最適合不過啦。

進一步說，後面橫向聳立的東山，成爲天然屏障、堅固要塞。

大石良雄曾有機會向謫居赤穗的兵學家山鹿素行學習兵法，對於佈陣頗有心得，所以中意此地。

而且動作也相當快速。早在三月二十一日，大石良雄就修書給和大石有親戚關係的石清水八幡宮，請託他們協助物色合適的隱居場所。

三月十九日乃是第一陣人員（早水藤左衛門等）從江戶回來的那一天（第二陣也很快趕到），二十一日，大石就發出書信尋找土地，足見他早有心理準備。

在購入土地時，還有一道手續待辦，那就是需要找一位保證人。在當時，各村落的村里長負責兼顧地方治安的責任，所以買賣土地以及遷居進來的人都必須經過這一道手續。這時，當然拜託在當地有影響力的進藤源四郎。

大石良雄於是在京都、山科西野山村的一大片土地上建築了房舍，又修築了庭園，北邊一大片土地做旱田耕作用。這當然花了不少錢。

工程進行中，親自督導工作人員，一一加以指示。

一方面，經常自言自語的說：「我自己已經又老又病，恐怕來日無多。這些房舍是準備交給子孫用的，所以非做得牢固一些不可！」

此外，附近的神社、佛寺，一一捐贈燈籠、水缽等器物，讓這一帶的人以爲大石良雄是準備長期住在這裡的。

一方面，大石本人也充份明白，目前自己失去「武士」的身份，一定要保持低姿態，否則可能招來屈辱。

事實上，忠心耿耿的大石良雄內心中正懷抱著遠大的志向。只是此時絕對不可透露出來。

大石良雄的許多計劃都是成竹在胸的。

在諸事紛冗下，他已請託遠林寺住持祐海和尚能夠透過佛寺關係，對於淺野家之東山再起可以助一臂之力。

祐海和尚雖然是出家人，也是正義之士，爽快的接受這一項委託，隻身到江戶來。

七月一日、七月十日，祐海和尚連續來了兩封信。信中報告已經前往江戶護照院、護國寺，懇求對大石良雄施予援手。兩處佛寺住持對這件事都十分瞭解，也十分善意，表明樂意支持恢復淺野家的名聲。

也就是說，祐海和尚的人情策略初步是成功的。

接著，祐海拜訪了神田的護持院。護持院乃是日本「關東新義眞言宗」的大本山。不僅如此，住持乃是大僧正隆光。此人非同小可，因爲將軍德川綱吉，將軍生母桂昌院都十分尊敬他。這可想而知，他有多大影響力。

由「眞言宗」佛教系統，祐海和尚再把戶田忠昌（采女正）、淺野光晟（美濃守）等和淺野長矩家有親戚關係的「大名」一一說服，盡量找機會幫忙說些好話。

當然，最後一定要想辦法策動「老中」，乃至當朝第一紅人柳澤吉保（將軍側用人）。

祐海和尚受人之託，也完全忠人之事。一步一步，凡有任何可能、任何機會，他都不辭勞苦奔走。

大石良雄先後接到兩封祐海和尚自江戶寄來的長信。信中一五一十，把一切交涉過程寫得清清楚楚。看了信，大石良雄內心十分感激祐海和尚的大力幫忙。在內心裡，似乎對此事也出現一絲曙光。

六月二十四日，江戶舉辦一次「淺野百日忌」的法會。一度奔往赤穗，企圖說服大家，但沒成功的那三個人，又回到江戶、當然也參加了。

堀部安兵衛

高田郡兵衛

奧田孫大夫

三個人強烈主張一定要爲主公復仇。

他們在主公的墓碑前宣誓：

「我等三個人，一定盡快取到吉良的首級來供在主公您的墳前！」一旁的樹花，在夏日照射下，在微風中搖曳。

這一年，堀部安兵衛三十二歲。是一位巍峨青年。堀部原本是越後新發田（今新潟縣）的武士（當時叫中山安兵衛），在乃父中山彌次右衛門去世後，一個人到江戶來，進入「直心影流」劍客堀內源左衛門之門下。

元祿七年（一六九四年、清康熙三十三年）二月十一日，參加一次在高田馬場的復仇事件，他擔任「助太刀」[1]，並且以寡敵眾，因此他的劍術逐漸有名。

不久，赤穗藩的堀部彌兵衛主動找到他，並表示希望他進入堀部家作「婿養子」，因此改姓「堀部」[2]。

赤穗城主淺野長矩發生江戶城刀傷事件時，當時是三十二歲，只在赤穗藩工作七年，不算資深，但強烈主張一定要復仇。

另一名奧田孫太夫又如何呢？

奧田孫大夫是時已五十五歲。奧田本來是志摩國（今三重縣）鳥羽城主內藤忠勝（和泉守）的家臣，在內藤的姊姊嫁入淺野家時，跟隨前來，負責服侍工作。

延寶八年（一六八〇年、清康熙十九年），內藤家發生刀

1：「助太刀」，在武士復仇行動中，主動幫忙幼小者復仇。這人就是「助太刀」。

2：事實上，中山安兵衛不同意，不得已，堀部彌兵衛陪同女兒嫁給他。留下一個特殊例子。

傷永井尚長（信濃守）事件。結果幕府問責於內藤家，撤銷了封地。於是奧田孫太夫便繼續留在淺野家，獲得一百五十石俸祿，並被派駐江戶。

不幸此次又碰到同樣的尷尬場面。也就是他效忠的內藤家、淺野家都被幕府廢絕。

奧田到達江戶後，拜劍道達人堀內源左衛門爲師，因此，和堀部安兵衛算是同門。

三人之中的高田郡兵衛是一名長槍達人，食祿二百名。他在赤穗藩算是比較資深。

三個人在墳前拜過了主公以後，一同去安井彥右衛門家拜訪。

安井彥右衛門乃是赤穗藩退任的「家老」，食俸六百五十石。此次淺野刀傷吉良義央，安井也許要負一點點連帶責任，因爲在送禮去吉良家的安排上，安井似乎有些許失誤。

見到了安井，堀部先打開話題：「主公不惜污名祖先並拋棄名位以宣洩心中之恨，卻造成紛雜的結局。這一方面，『家老』應該十分明白的。」堀部不愧爲劍客，正義凜然，一針見血，絕不囉嗦。

高田又接腔：「結果又奉命切腹，這是我等家臣難以容忍的。」

奧田孫太夫最後說：「我等三人已回到赤穗向衆人表明要策劃復仇行動，相信不久就有許多正面回應。在江戶方面，我等盼望『家老』您出來帶頭，以完成使命。今天我們的主要目的就是爲了這個。」

安井只靜靜的聽，卻一語不發。

堀部又開始說話：「事實上，我們三個人約好要砍殺吉良義央這件事，在三月中旬就談好了，也就是主公切腹以後沒幾天。聽說吉良義央的傷勢並不嚴重，我們就準備砍了他。那時正巧藤井又左衛門來江戶，吾等就去徵詢他的意見。『家老』您還記得這件事嗎？」

安井回答說：「記得！」點了點頭。

高田說：「那時候，您說時機尚早。應該觀察一下再做決定。您特別強調：『魯莽行事，說不定會連累到主公淺野一家人』。」

奧田也說：「今天已經是主公的百日忌辰，時機應該不會是不妥。『家老』務必趕快帶頭復仇吧！」

這時，安井終於比較完整的說了一段話：「有關爲主公而聲討吉良義央這件事，當然義不容辭，我個人也完全贊同。剛才奧田說，時機已不早，但我認爲還是時機尚早。因爲主公的弟弟淺野長廣聽說目前還被禁閉服刑。如此，幕府高層自柳澤大人（側用人）到諸位『老中』暫時還沒有特別反應。所以，我認爲還得先忍耐一段時間較妥。」

安井接著又說：「我這樣的安排，其實是考慮淺野長廣大人能否獲得再起的機會。我唸過的許多書中都寫著，一個名家如若再興，那麼我們的已故主公必定覺得比砍殺吉良義央更高興。所以，暫時再觀察淺野長廣大人的動向，我個人自然會來安排下一步。」

一直在注意聽話的堀部，安井一說完，迫不及待的表示了他的意見：

「大家一直考量淺野家之再起，那麼主公的深仇怨恨怎麼能消除呢？」

堀部緩緩的說著，態度是眞誠的：「試想，亡故的主公在捨棄家族、捨棄性命的覺悟下刀傷吉良義央的呀！只要取得吉良的首級帶去供在主公墳前，這就夠了。再說，我們的主公乃是淺野長矩，絕不是淺野長廣。他若多加思考，也許會加入我們的復仇行動才對。『家老』您能不能重新思考一下！」

安井聽了再陷入沉默。

這時候，高田、奧田一齊表示，他們完全同意堀部的想法。並追問安井的態度。安井說：「我充分瞭解了。」

安井開始回答，態度似乎不是很消極，緩緩的說：「是的，然而其實對方已經知道我們可能會採取行動，已經開始安排應對措施。所以，我們應該充分掌握吉良家中配置情形以後才進行這項工作。」

也許不只是天熱，心情緊張的安井彥右衛門額頭一直冒著汗。

四、五天以後的某一天，磯貝十郎左衛門來到堀部安兵衛家找他聊天。

此時磯貝才二十三歲，是赤穗藩內有名的瀟灑青年。自小一直跟在主公淺野長矩身邊，聰明伶俐，因此而取得一百五十石俸祿。

這位聰明人，原本十分熱衷傳統「謠曲」，但知道主公沒興趣，從此放棄這種興趣，可見他的機智不凡。

磯貝告訴堀部一項機密。

原來，主公淺野長矩在江戶城內發生刀傷事件之前曾寫一份短札，交他和片岡源五右衛門保管。短札內容大約是這樣的內容：「由於吾個人之原因，或有不得已之事發生。希知者勿見怪。」

堀部回答說：「這倒眞是令人驚訝！」

磯貝又開口：「想起最近的事，簡直叫人氣炸，忍無可忍！」

堀部語帶安慰的說：「平日我看你正直和氣的樣子，今天怎麼變了樣了，到底是什麼事？」

磯貝正待繼續說時，堀部夫人端了茶出來。而且，盡管堀部多次催她離席，她卻硬是不走。

堀部夫人的父親，也正是赤穗藩的武士，和磯貝十分孰悉。

堀部太太突然說：「假若這次沒發生這樣的事，其實你也差不多到了成親的年齡了呀！」

被女人這麼一數說，磯貝有些尷尬，弄得面紅耳赤的。停了一會兒以認眞的口氣回答說：

「我從來沒想過這個問題，每天所想的事，只有老家的狀況和已故主公，如此而已！」

「喔，原來你每天想的，幾乎和我丈夫想的事一樣呀！你們慢慢聊，我先進去啦。」說完，堀部太太離席了。

堀部對磯貝說：

「眞是抱歉，被無聊的話題打斷。我們繼續再談談正事。其實，今天我們到以前的『家老』安井彥右衛門府上去了一趟。但是，他的一番說詞簡直令人感到不知所云。他還說，若要馬上復仇，那可以，由你們三個人去幹，別拖累別人！」

磯貝年輕氣盛，說了一句：「豈有此理！」

堀部站起來要安撫氣急敗壞的磯貝，並且慢慢的告訴他：「你別急，聽我說吧。我跟你一樣，本來想帶刀去把安井砍死算了。後來仔細想了一下，這不對，我們復仇的對象是吉良義央，怎可節外生枝，又自相殘殺。我告訴你，今後別去找沒有骨氣的安井啦！」

說到這裡，堀部轉換了話題，問起：「最近你左手技巧如何？有進步嗎？」

磯貝一頭霧水的說：

「什麼左手？」

堀部說：「拿酒杯的左手啦。我問你現在酒量如何？我們不喝茶了，來一杯好嗎？」大家都聽說堀部喜好杯中物，誰到他家去，幾乎都會醉茫茫的離開。堀部立卽拍手三下，這是要妻子準備酒食的暗號。

一下子，酒就準備好了。主人堀部先爲客人磯貝倒酒，客人才回敬主人。天氣有些熱，堀部太太還爲磯貝扇風。喝了酒，又不得不談起一樣的話題。

磯貝問：「如果安井這個人靠不住，那藤井又左衛門如何？」堀部說：「在我看來，如今唯一靠得住的就是『家老』大石良雄啦，其餘的人都不值得一提。」又補充一句：「過去，大家以爲他是個蠢才、沒料子。七年前，他去接收備中松山城的表現，讓許多人大開眼界，從此對他敬佩三分。

再說，四月裡，高田、奧田和我三人回到赤穗，計畫守城和幕府抵抗。他說已答應淺野光晟（安藝守）和戶田忠貞（彩女正）兩位大人，所以不可改變了。『但是恭順的交出城池，並不代表結束一切。接下來的事，請相信我，我自有打算。』

從那句話中可以猜測，大石在交城之際，頭腦已在構思日後的復仇行動。

兩人暫時避開政治話題，聊起茶餘飯後的瑣事。

堀部想起他們三人回去赤穗時，大石良雄招待他們喝酒。酒席上發表他自己的「飲酒五戒」，頗有意思。

「大石的五戒是：一、戒借酒裝瘋，引發爭鬥。二、不可蓋上酒杯，這很失禮。三、不可堅持向對方灌酒。……磯貝覺得很有道理。你一言、我一語，酒話連篇。磯貝已經滿面通紅，但酒興正好，兩個人都沒有停止的意思。

磯貝問起，還沒說完五點，還有兩點沒說。

「第四、不得四處沾污，沒有酒品。最後是，一定保持清醒，以免得罪酒友。」——大石良雄的「五戒」有深層內涵。

堀部對磯貝說：「大石才是模範人物，可別學我這個不成材的堀部。哈、哈、哈。」

幾杯下肚、堀部心情大好，面前又有磯貝這名年輕人聽他說教，頗爲滿意。

這一天，堀部和磯貝酒興很好，兩人喝得東倒西歪。

好久沒喝得這麼痛快。

元祿十四年（一七〇一年，清康熙四十年）六月二十八日，大石良雄從赤穗來到京都、山科。七、八月兩月，趕著整理住處內外，將暫時定居在此。

八月十四日，在京都大德寺設立了主公的衣冠塚，也立有墓碑，爲了永久祭祀，捐贈了一塊山林地給佛寺。

八月八日，收到堀部安兵衛從江戶寄來的信函。堀部一再表示希望盡快爲主公復仇的決心，也說明江戶另外兩人，奧田孫太夫、高田郡兵衛也有同樣想法。

信中尤其提到，自從這次事件爆發後，江戶市民十分同情淺野長矩的處境，也認爲找吉良義央報仇是應該的。

在此前後，吉良義央家也發生了變化。

八月十九日，吉良的住宅搬遷了。

本來吉良義央的住宅位於丸之內、吳服橋附近，現在搬到本所松坂町（現江東區）。這裡本來住的是松平登之助家族，但目前是空屋。

原先吉良義央住宅隔壁是峰須賀綱通（飛驒守）。江戶市內傳言，淺野家臣勢必會來吉良家尋仇的。這一來，爲了自家安全，峰須賀家只好日夜都派人警戒，以免發生萬一。日子久了，家人覺得不勝其煩，請求主人向幕府反映。終於「老中」下令吉良家搬遷。

可是，事實上，吉良家原本住在鍛冶橋的。元祿十一年（一六九八年）一場火災也波及他家，所以才搬到吳服橋的。如今不到三年，又不得不搬家。

這件事引起市民議論紛紛，其中不少人認爲幕府刻意讓赤穗這一票人方便復仇！

在地理位置上，吳服橋在江戶城「內郭」內，在此進行殺戮動作，那只有死罪一條。吉良家新的住宅在「內郭」之外，管理沒那麼嚴格。所以老百姓才會有這種傳聞。

街坊間互相通報，復仇行動看來很快有好戲看了！

自從發生了淺野長矩在江戶城內刀傷吉良義央，而當天淺野立刻奉命切腹以來，大家一直對淺野的遭遇很同情。大家也都認爲淺野的屬下來復仇是理所當然的事。

八月十九日，江戶三人幫激進派又來信了。

他們在江戶常常聚會討論何時、如何復仇？難得他們一直記掛著爲主公報仇的事。

這次來信內容主要兩點：

一、爲主公復仇，如能達到目的，這對淺野長廣而言，比獲得百萬石俸祿更有意義；爭回了面子，是武士最重要的事。

二、現在淺野長廣被禁制行動，吾等採取復仇行動，反而不會連累到他；否則可能弄巧成拙。

收到信札的大石良雄十分困擾。他的判斷，目前還不宜草率行動；否則全盤皆輸，那就太不值得啦。

一方面，江戶這三個人（堀部、奧田、高田）一直躍躍欲試，如不想法阻擋，後果不堪設想。

在大石良雄心中，倒不是不想復仇，而是時機不對。依目前局勢來看，一採取行動，幕府不會饒過他們的。

大石目前最在意的是：想盡好辦法，使淺野家東山再起，這是他最掛心的，復仇行動應該稍後再認眞考慮。

目前，在大石的思維裡，復仇行動還不必考慮。無論如何，最早也得安排在主公一週年忌辰（明年三月）以後，到時候再著手進行。

不得已，大石良雄安排三個人前往江戶，希望能說服江戶那三位激進派暫勿採取行動，以免破壞大局。

三個人是：原惣右衛門、潮田又之丞、中村勘助。

但是，這樣的安排似乎有些不妥。

首先，原惣右衛門，在刀傷事件發生之前不久，他還跟隨在主公淺野長矩身邊，那時候他駐守在款待京都貴賓的宿泊地。事件發生後才匆忙撤回赤穗藩在江戶的宅邸。

但自從主公切腹以後，他幾乎沒有一天忘記這件事，對主公的思念也更深。

中村勘助則隱身大阪一帶，可是依然迫不及待想參加復仇行動。

把這樣的人送去江戶，一旦和堀部、高田、奧田見面，那不是火上加油，把事態擴大了嗎？

這時節，京都、山科山上的秋葉已開始染紅。大石良雄眺望群山景色，不免思念著赤穗而潸然！

堀部安兵衛、奧田孫太夫、高田郡兵衛三個人準備去鎌倉的八幡宮神社許願，也祈求神明保佑讓他們的復仇行動可以成功。有趣的是，從京都銜命要來說服他們暫緩行動的原惣右衛門、潮田又之丞、中村勘助三個人，反而被前面三個人說服而成爲激進派，所以準備大家一同前往鎌倉。

出發前，突然接到大石良雄的信札。

書札通知：進藤源四郎、大高源五郎將由京都來到江戶。其目的是要阻擋這一票激進派，希望行動暫緩。

進藤和大高兩人於十月八日抵達江戶。諷刺的是，兩人又被對方說服。

兩人的背景，稍加介紹一下：

進藤乃是大石良雄的姑丈，在京都、山科擁有土地，大石良雄前往山科覓地時，間接幫了些忙。食祿四百石，此時五十一歲。

大高源五此時三十歲，食祿二十石。雖然算是比較低階，但卻是主公淺野長矩的親信。

大高是一名「文青」，擅長塡寫俳句。過去在赤穗藩內，和神崎與五郎、萱野三平被稱爲「赤穗三鳥」，雅號是「子葉」。

翻天覆地／眼前高山與大海／那便是秋聲

這首俳句（五、七、五）乃是四年前，大高隨主公淺野長矩自江戶回赤穗時半路上得到靈感而寫的。這首俳句收入他的作品集《丁丑紀行》乙書中。這一首俳句是路過「源平之戰」（西元一一九〇年）古戰場而獲得靈感的作品。

淺野長矩發生刀傷吉良義央那時，他當然是隨扈。事件後匆忙趕回赤穗，馬上投入大石良雄帶頭的復仇行動陣營。

不僅僅大高源五本人，連弟弟小野寺幸右衛門、堂弟岡野九十郎也都被他拉進來參加。

出發去京都之前，大高的母親勉勵他們：

「你們兄弟此行一去，雖然前途難料。但是報答主公之恩德，乃是我家之幸，也是武士應盡之職責。盼千萬別玷污祖先之名！」

將兩批來自京都的說客說服的堀部安兵衛此時信心滿滿，覺得既然有這麼多志同道合的人，那就盡快起義，事不宜遲。他準備了一份「歃血同盟」的證明，要求大家簽署，以表明各自的決心。

敬稟故主公、父祖等：主公在任何天下名位均無以取代之情況下發生刀傷事件，足見心中所鬱積之悔恨，而當時未能達成目的，吾等家臣實責任在身。即將來到之三月，主公一週年忌辰前後，吾等必定奮發圖起，秉持正義，聯合攻入彼之宅邸，以表內心之忠誠。

奥田孫太夫
堀部安兵衛
高田郡兵衛

另一方面，潮田又之丞、中村勘助、大高源五以及來自大阪的武林唯七等人則表示不同意見：

「大石『家老』即將到江戶來，血書的完成不妨等他到達再行處理。」

這些人並沒有參加簽署。

大石良雄是十一月三日到達江戶的，到達以後寄居在芝三田松本町、前川忠太夫家。前川原本是赤穗藩安排臨時工人的頭目，取了一個商號「米屋」。

此次隨大石良雄來江戶的有：奧野將監、河村傳兵衛、岡本次郎左衛門、中村清右衛門。

十一月十日，大石良雄借用「米屋」召開會議，前來參加的有：奧野將監、河村傳兵衛、岡本次郎左衛門、中村清右衛門、潮田又之丞、中村勘助、大高源五、武林唯七、勝田新左衛門、堀部安兵衛、奧田孫太夫，高田郡兵衛等十二人。

衆人十分期待復仇行動趕快進行，所以都很積極的趕來開會，希望聽到重要的宣佈事項。

此行，大石良雄表面是裝作到江戶來答謝幕府「目付」荒木十左衛門、神原采女；因爲在此之前，大石曾請求兩人對於淺野家之再起，可以從旁協助。但實際目的是趕來阻擋蠢蠢欲動的這些人，以免壞了大事。

大石開頭說：「關於爲主公復仇的事，要考量幕府的態度是：沒有過一年忌辰是不會有任何動作的，這可以從往例得到答案。因此，到明年三月十四日爲止，希望大家再緩一緩，暫時不要躁進！」

已經等不及的堀部安兵衛立刻起立追問：

「『家老』您可以保證三月裡進行復仇行動嗎？」其他人也都仰頭目視大石良雄，等待答案。

堀部又說：「淺野長廣大人的處分如果頒佈下來，那在一週年忌辰之前也要採取動作。我自己已經決定了！」

大石良雄閉著眼睛，稍稍停頓了一下，接著才說：

「正如剛才所說的，希望大家在淺野長廣大人的處分還沒決定以前，還要等一等。這不一定是三月十四日，說不定還會拖一段時間。總之，在這之前採取行動是不智的行爲！」

此時，在座諸人感覺氣氛比較緩和，似乎都接受大石的看法。

高田郡兵衛發言：「好，那我們同意等待淺野長廣大人受處分的情形以後再行動。而且時限訂在主公的一週年忌辰。諸位不知道覺得如何？」

衆人無語，表示認同。

一個月以後的十二月十二日，幕府允許吉良義央辭去公職

（「隱居」）。

吉良家發生了鉅大變化。也就是吉良義央指定的繼承人是吉良義周，但義周的父親上杉綱憲其實就是義央的兒子（做上杉家的養子）。簡單說，繼承人是孫子。

問題在於，當時上杉綱憲（彈正大弼）乃是米澤（今山形縣）十五萬石封地之「大名」。

也就是，赤穗武士尋仇的對象原本是吉良義央，可是，一旦事情發生，上杉綱憲會不會插手？他是十五萬石「大名」，而淺野長矩只有五萬三千石，兩方兵力是十分懸殊的。

街坊間也傳聞，退休的吉良義央將前往米澤去投靠他的兒子。這就不妙了，一旦造成事實，復仇事件將成爲泡影。（因爲對方兵力強好幾倍）

這一來，激進派更加激進。

他們寫信到京都，表示：世事多變，要做的事，唯恐再也沒機會做。

他們也露骨的表示，倘若有人願意站出來帶頭採取行動，大家願意一起配合。一時事態紛然，大家拱出一名小山源五右衛門做統率，準備及時攻入吉良家。

寄來京都的信札是正月二十六日發出的，具名的是堀部安兵衛和奧田孫太夫。高田郡兵衛沒署名。

這背後有原因。在大石良雄由京都前往江戶的十一月二十三日，高田的伯父找到他商量，有意安排他做自己的養子。此人又是誰呢？原來是藩主淺野長矩的家臣內田三郎右兵衛。當時沒結婚、孤苦伶仃寡人一個，何況又已失去武士身份。他的伯父當然也是爲高田的前途著想，才透過他兄長高田彌五兵衛傳話的。在連繫中，高田郡兵衛的哥哥卻把正在計畫要攻入吉良家的事透露出來了。

這下子不好了，內田三郎右衛門正色的說：「有關我收養養子的事，已向上面報告並已獲准。那麼我的未來養子若參加抗拒幕府的行動，我絕對不允許。何況幕府規定：五人以上聚衆鬧事，將處以重刑。既然如此，我將這件事向上報告！」

高田郡兵衛恐怕把事情鬧大，連累所有人；找到堀部、奧田兩位原「三人幫」商量。在仔細推敲思考下，同意讓高田脫隊去繼承伯父家。也由他說服內田三郎右兵衛，千萬別向幕府檢擧復仇行動。

因此，原先的「三人幫」便成爲「兩人幫」。

這一天，江戶下起一陣驟雨，原本乾燥的馬路，竟四處濺起許多水花。

元祿十四年（一七〇一年）對赤穗藩而言，眞是大風大浪的一年，過了年便是元祿十五年。

由於復仇事件的規劃曲折多難，許多人一直在困擾中過日，所以幾乎沒有過新年的好心情。

十二月二十五日，原惣右衛門、大高源五自江戶出發，兩人於元月九日抵達京都、山科的大石良雄宅。

原惣右衛門在大石家坐定以後，立卽開口問：

「有關復仇行動，大家一天比一天心急。『家老』，您到底有什麼打算？」

原惣右衛門比大石良雄年長十一歲。過去在赤穗藩內同事時，一方面，大石家的『家老』位子是世襲的，而平日的大石又吊兒郞當，所以在原惣右衛門眼中，大石只是一個扶不起的阿斗。

但是，七年前，大石良雄奉命去接收備中松山城的氣派和手腕，乃至赤穗城上繳幕府所處理的一切，已經使原惣右衛門佩服得五體投地。

原來大石良雄外表看起來不怎麼樣，其實他是個很有份量的幹才。原惣右衛門開始對他有完全不同的評價。

但是，針對復仇行動這一件緊急的事，爲什麼遲遲不作決定呢？

事實上，原惣右衛門和大高源五正是去年曾經奉命去安撫激進派堀部安兵衛；但反而被策動成爲激進派的兩人。而且，他們住在江戶，常常因爲心理上覺得吉良義央就在眼前，所以一直在盤算趕快攻入吉良家。

曾經由大石良雄派去江戶企圖說服堀部等人暫緩行動的這兩人，如今從江戶急忙回來，反而希望大石良雄盡快採取行動。眞是妙事一樁。

這次見面，大石良雄依然深藏不露，態度不是很積極。

他說：「你們兩位的心情我很瞭解。可是請再稍稍等待，過兩天，我會邀京都一帶的同志們來共同商量。」

正月十一日，衆人集合在大石良雄京都住宅內茶室「可笑庵」開會。出席者有：小山源五右衛門、進藤源四郎、岡本次郎左衛門、小野寺十內、原惣右衛門、大高源五，還有一名十七歲的矢頭右衛門七。

會議一開始，在江戶被吸收成「激進派」的原惣右衛門、大高源五立刻發言：「復仇行動不早一點進行，一旦吉良義央退休，有可能跑到米澤上杉家去。這一來，我們鬥爭的對象變成十五萬石級的『大名』，那如何是好？」

此時，大石良雄的口氣還是一股冷靜慎重的氣氛：「吾人最盼望的是：淺野家之再起，這是最基本、最重要的。我想幕府對於淺野長廣大人的處分，最近就會公佈。這以前，我們還得冷靜的等一等。」

三天後的正月十四日，也就是淺野長矩的忌辰（十四日）的這一天，京都一帶淺野家親友，一同去京都大德寺掃墓。回程大家一同去寺井玄溪家拜訪，也邀他共商大計。

有關寺井玄溪這個人，稍加介紹。寺井本在京都市內開診所，因緣際會和藩主淺野長矩認識，遂被延攬擔任赤穗的專門醫師，於元祿十三年（一七〇〇年）就任，食祿三百石。

寺井醫師在職赤穗藩雖然只有一年再多一點點，但和藩主以及藩內衆人十分熟悉。淺野長矩發生刀傷事件之前，還準備了湯藥。事件發生後，立刻奔到赤穗城關心，並向大石良雄表明要和淺野長矩的部下們共同行動。

已高齡八十一的寺井醫師，此時回到京都、圓山長樂寺附近重新開了診所。

這一天，大家討論的結果，復仇行動的日程依然不能決定。

在場的小山源五右衛門提出了一個意見：「現在，最優先該做的事，是要把吉良家的內部細節掌握住。而且越快越好！」衆人聽了覺得很有道理，同意這個意見。

小山源五右衛門繼續發表他的構想：「關於這一項工作，不能委託原惣右衛門、大高源五兩人。若派他們去，兩人到了江戶又和堀部、奧田這些激進派混在一起，等於火上加油。

這次我建議派出吉田、近松兩人較妥。」

這兩人的背景如下：

吉田忠左衛門這個人頗不尋常。在赤穗繳城後，一時還留下來處理一些雜事，結束後投靠到播州（今兵庫縣）。在赤穗時，食俸二百石，身體壯碩，文武兩全，而且器量很大，此時六十三歲。

當赤穗藩上下諸人忙著交城事務時，吉田發現讚岐國高山藩（今香川縣）來了一名間諜，立即將此人逮捕。但又放了他，並且還一一爲這名間諜介紹赤穗城。——這件事還有很多人記得。

另一位是近松勘六，近江國（今滋賀縣）野洲郡人，三十三歲，原本食祿二百五十石，在交城後回故鄉去了。近松是老實人，醉心做學問，曾把老師山鹿素行的一本《武教小學》一字不漏的抄了好幾遍。

這一次派這兩個人去江戶應該不會再出什麼差錯啦。

大石做了會議內容總整理：「吉田、近松兩位：我之前也已經以書信通知他們復仇行動一定要安排在主公一週年忌辰之後。

今天正是一月份的忌辰，距離一週年還有兩個月而已。所以我希望再緩一緩，等二週年再來行動。希望吉田。近松兩位去說服堀部、奧田等人。各位認爲如何？」

大石良雄說完，拿著火夾子在夾火爐中的炭火。

會場沉默了一陣子。

不久，原惚右衛門站了起來，說：「要大家等到主公的一週年忌辰以後再行動，這是我和大高源五兩人去江戶企圖說服他們的，但他們也不見得同意。現在是說又要展緩一年，是嗎？」

大高源五也表示相同想法。

大石良雄繼續說他的想法：「是還得等一年。現在委託吉田、近松兩人去江戶，希望好好說明：二年後，一般可以赦免罪刑。淺野長廣大人遭受的禁制處分，到時候也會解除。這時候，淺野家再起的事若沒有消息，我們再想辦法。在這之前，保持冷靜、靜觀其變而暫時不要行動，一切都不會算是太遲。」

原惣右衛門聽了這一番話，也發表了自己的意見：「結合七、八名血氣方剛的人攻入吉良家，我覺得不見得能成功。我內心中還是希望早一天取得吉良的首級，但聽了『家老』的一席話，覺得要從長計議才能夠獲得成功！」

原惣右衛門雖然一時成爲「激進派」，現在態度已有所不同。在京都負責看守淺野家邸宅的小野寺十內也表示贊同大石良雄的決定。

如同會議決議事項，吉田忠左衛門和近松勘六兩人分別來京都報到。吉田第一天寄居在二條（地名）一家和服店（綿屋）。淺野家是這家店的主顧。吉田還帶了一位以前的屬下寺坂吉右衛門。

二月十五日，大石良雄和大阪一帶的同志，把正月十四日宣佈的內容再說了一遍，並且寫了一份表示決心復仇的（誓詞）交給吉田忠左衛門。

後世稱這次集會爲「山科會議」。

吉田、近松、寺坂三個人於三月五日自京都出發，三月五日到達江戶，暫時借住在前川忠太夫家。八日，見了堀部安兵衛。

堀部聽到了京都、大阪同志集會決議等說明以後，表示「既然是這樣，我也不再反對！」

吉田一行人的說服工作，這次是成功了！

江戶市內各處櫻花盛開，正是陽春好時節。這時候，距淺野長矩一週年忌辰還有六天。

偉大的復仇計畫，大家暫時冷卻下來，並殷切期待那一天的到來！

元祿十五年（一七〇二年，清康熙四十一年）三月十四日乃是淺野長矩的一週年忌辰，京都一帶的相關人員，一同到京都大德寺掃墓。

回程時，大家一同順便到原赤穗藩醫師寺井玄溪家聚會。原本要託岡島八十右衛門去江戶進行勘察的提議，改由神崎與五郎前去；因爲岡島生病尚未完全痊癒。

神崎位階不高，也不夠資深。但他可謂文武雙才，擅長詩歌、俳句的創作，甚至還有一本《絕纓自解》的漢文著作。

神崎與五郎到達江戶，立刻化名「美作屋善兵衛[3]」，變裝成販賣扇子紙的商人。取這個商號，乃是他的祖父、父親都是津山城主美作守的部下，因此而取名。

店鋪在麻布谷町，屋主是一名在吉良邸工作者的伯父。神崎正是找到這個機密才如此安排的。

神崎透過屋主想去應徵做吉良家的工人，以便滲透進去。可是這一招行不通，因爲吉良家一直保持警戒，採用的工人全部是他老家三河國吉良（今靜岡縣）一帶的人，其餘各地人氏概不考慮。

不得已，神崎改變策略，找到吉良宅邸後面附近一家「米屋五兵衛」（店主前原伊助），和店主合作販售稻米和五穀，並改名「小豆屋」。

事實上，前原伊助原本也是赤穗藩的成員，三十九歲。在藩主淺野長矩奉命切腹時，他反應很快，立刻在江戶富澤町

3：在復仇行動前，每人均有化名，以避人耳目。

（今中央區日本橋）開了一家布店，而且生意繁榮。但究竟他並不是一名純粹商人，而且依然記掛主公淺野長矩的事。

八月裡吉良家從市內吳服橋搬到本所松坂町時，前原伊助立刻跟隨著搬家到本所相生町。

他原本還在做生意，但一聽吉良家在徵求修房子工人，立刻去應徵、混入吉良家去。藉此良機，前原把吉良家的分佈情形詳詳細細向京都的大石良雄報告。

神崎的店裡除了有神崎、前原兩人；後來陸陸續續又加入了十左衛門（倉橋傳助），九十郎（岡野金右衛門）。

京都、山科的春天，一片綠意盎然。

山科神社、逢坂山，到處是綠油油一片的風景。

不久，四月來到了。

此時，大石良雄心中的一項重要計劃馬上要付諸實行。因為不能再拖延了。

什麼重要計劃呢？

為妻兒著想，他不得不辦「離緣」手續。

自從主公在江戶發生刀傷吉良事件而當日卽切腹，身爲家臣的大石良雄沒有一天不記掛淺野家的事。自己捨命也得爲主公淺野家再起而奔走，其中又有主公弟弟受幕府禁制，一年後才有結果的問題。另外，爲了替主公復仇，攻入吉良家也勢在必行。一旦發生殺了吉良義央的事，可以想像可能因此獲罪而連累妻小，那情何以堪？所以事先得解決這個問題。

大石良雄的規劃是：妻子、兩個兒子、兩個女兒全部讓他們回到岳父家，也就是但馬國豐岡（今兵庫縣）。這項決定是殘忍而令人感到心酸的，但也是不得已的決定。

這其中還有一個問題。兩個兒子分別是十五歲、十二歲。十二歲還太小，不必考慮。但大兒子已十五歲，去年已辦過「元服」[4]儀式。名字也從「松之丞」改爲「主稅」。

大兒子的問題，大石良雄想到直接和他來討論。

有一天，找到機會，單獨和兒子交談。他說：「兒子，假若父親的我有不得已的原因，必須和你母親離緣，你要跟我，

4：「元服」，武士家庭中，類似一般家庭的「成人禮」。

還是跟母親在一起呢？」

不料兒子堅決的回答：「父親何以這樣說話呢。父親帶頭領導大家爲主公復仇的事，每天都在奔走，這些事我都看得很清楚，我怎麼可能隨母親去豐岡的外祖父那裡呢！」

大石良雄看到遺傳母親，是個大個子的兒子如此明快回答這個問題，有些高興，也很感動。又補了一句：「戰死也沒關係嗎？」

兒子回答：「武士要臨死不懼，而且可以隨時從容赴義，這不是父親平日您教導我的嗎？」

大石馬上說：「既然你心中已有這種決心，那就留在我身邊。」

四月十五日，大石良雄又請託遠林寺住持祐海和尚去江戶活動淺野家再起的事；但沒有具體收穫。

淺野長矩的一週年忌辰都已經過了好久了，大石良雄卻一直沒有行動。江戶的激進派都已經一等再等，等著有些不耐煩了。

六月十八日，江戶的堀部安兵衛自己一個人南下，二十九日到達京都和大高源五碰面，接著又在大阪見了原惣右衛門。

堀部安兵衛此時已忍無可忍，決定不聽「家老」大石良雄這一套。準備自己集合同志二十人，七月下旬採取行動，攻入吉良邸。

這時後發生的一樁偶發事件，多少也使堀部、大高等人更加心急。

事情是這樣的：

一名復仇行動成員橋本平左衛門此時殉情而死了！

平左衛門是橋本茂左衛門的兒子，是一名十八歲好青年。食祿一百石，馬隊成員。赤穗城繳出後，前往大阪找出路。

一個人常在新地（地名）遊蕩，不久認識了色情場所「淡路屋」一個女人（阿初）。阿初大橋本一歲，溫柔體貼，遂使橋本一下子心茫茫，失去人生方向，而越陷越深。

不多久，橋本平左衛門突然覺醒過來了，他對阿初說：「我身爲武士，也和以前的『家老』共同宣誓要爲主公復仇。如今不知如何是好？」

不料阿初也說：「活在人世間，一定要爲主公復仇，不然沒什麼意義！」

七月十五日凌晨，橋本將那名女件一刀刺死，自己也割喉而亡。

這件事的發生，堀部安兵衛認為事情拖延太久，才造成一名有為青年毫無意義的死掉！

橋本殉情的訊息也傳到京都、山科大石良雄那裡。

此時大石良雄接到兩封信，一喜一悲。

所謂「一喜」是回到娘家但馬國豐岡的妻子產下一子，母子均安。（後取名：大三郎）信函是妻子親自寫的。

另一封信是江戶的，吉田忠左衛門寄來的。內容乃是千等萬等，終於等到幕府對於主公弟弟淺野長廣的處分內容。

等待已久的幕府對淺野長廣的禁制處分終於撤銷了。

七月十八日，幕府通知淺野長廣立刻到「若年寄」加藤明英（佐渡守）公邸報到。

到達時，好幾名「若年寄」在現場。加藤宣佈：

「過日淺野內匠頭在江戶城內發生傷人事件，其養子受禁制處分。今日起著往安藝（今廣島縣）淺野家寄住[5]。特此宣佈，希照令遵行。」

奧田孫太夫於七月二十五日也寫信通報當時滯留在京都的堀部安兵衛。

七月二十五日，大石良雄寫了一封信給回到豐岡的妻子。此時，大石的內心中是波濤洶湧的，一心一意期盼淺野家之再起，目前看來是渺茫的，那身爲家臣，又將如何是好。

在私的方面，原本在京都、山科是算一家團圓，但是爲了在復仇行動後，避免被牽連，不得不將妻兒送回但馬國，並且表面上已是離緣夫妻。

大石在寫給妻子的信中，除了關心一家大小的生活起居，特別爲妻子生了一個胖兒子感到高興。

當然，接下來，信中特別表示感謝岳父收容他們，而且照顧週到。

書信內容又詳細描述每年一次的京都祇園祭以及大阪天滿宮祭典活動。因爲，生活在赤穗時，每年這兩次祭典活動，妻

5：在當時制度上，會有由同宗另一個淺野家看管的實質意義。

子一定帶著孩子去看熱鬧的。

書信最後也簡短透露江戶幕府對淺野家處分情形。

值得注意的，此次的信件署名已開始用化名：

池田久右衛門——這是爲了日後進行復仇行動方便而採取的手段。

大石良雄對家庭、妻兒，一般說來應該算是盡責的。但當時許多人對他有不同看法。

據說大石良雄每次因公來江戶出差就常帶著下人八助去吉原（遊廓地）閒逛，屢次被人發現。

不僅如此，大石遊蕩的範圍還擴大到京都、島原以及伏見撞木町。這些地方就是那時候的花街柳巷。

特別是撞木町，對大石而言是近水樓台。

因爲從大石的住處（山科）向南走，越過滑石嶺便到了京都市街。從此處向西走，很快就可到達浮草，撞木町的遊樂場所就在這裡。

這裡有兩家遊冶場所是大石良雄常光顧的。

一家是「笹屋」，

另一家是：「萬屋」。

日後傳世數百年的歌舞伎《假名手本忠臣藏》，其中有一幕便是以「笹屋」爲樣本的。

在「笹屋」裡，有花名「浮橋」、「夕霧」、「玉川」這幾名女性，一直對大石良雄十分親近。當大石（池田久右衛門）來到時，店裡大小都會出來歡迎。（平時都用化名：池田久右衛門）

對大石良雄的放蕩行爲，從江戶來的武林唯七有一次直接找到「笹屋」，看到大石一幅輕薄相，不免怒從中來，高聲說：

「『家老』、有關淺野家之再起，幕府的懲處既已下來，似乎難上加難了。可是，還有一項重要的事情有待完成，那就是爲主公復仇的大事。如今您這樣花天酒地，又何以達成任務呀！」

大石良雄不僅沒聽入這一套說詞，反而拍手叫了兩位女侍來。

武林唯七實在氣憤難消，立刻奪門而出，破口大罵而去。

特別說明，這位激進派武林唯七其實是中國浙江人，名叫孟二寬。當豐臣秀吉遠征朝鮮半島時[6]，孟二寬的祖父在朝鮮當醫生而被逮捕，並帶回日本。

大石良雄的此種放蕩行爲，有一種說法是：世間所有人都認爲赤穗藩的衆多武士絕對會找到吉良義央復仇的，只是時期的快慢問題。那麼，身爲赤穗藩帶頭人的大石良雄，故意裝瘋賣傻，是否在製造一個放蕩不羈的假印象，以蒙騙對方。大石良雄的親屬從旁觀察，感覺此人是否沉迷於女色。以大石四十幾歲的人而言，似乎也不算太過份。

這時，住在京都的小山源五右衛門和進藤源四郎兩人偷偷商量，準備介紹「二文字屋」次郎左衛門的女兒阿輕給大石做小妾。

阿輕美貌可人又懂事，大石良雄此時雜事紛紛擾擾，若有阿輕在身旁料理生活起居，其實是好事。

事實上，小山和進藤商量好的小妾案，眞正的用意並不在此。他們倆人對大石良雄捨身取義的計劃有些不捨，何況目前困難重重。在這種情況下，如果透過美人阿輕慢慢說服，說不定會改變主意，暫時放棄復仇行動。

小山、進藤和大石良雄有親戚關係，介紹小妾這件事，當然是出於一片好意。然而，他們的計劃卻撲空了。

七月二十八日，大石良雄突然召集京都、大阪、伏見一帶的同志，集會在京都、圓山安養寺開會，共來了十九人，原本心中已另有打算的進藤源四郎缺席。

這次大石良雄態度和以前相當不同，開頭便說：

「在座各位都已經知道了，淺野家再興已十分渺茫。按古人說『喧嘩兩成敗』（兩人衝突，兩人均受罰），如今卻變了調。不得已，吾等只得一同前往江戶取得吉良的首級。各位意見如何？」

主公的刀傷事件發生後，原本企圖守城對抗，繳城後希望策劃淺野家之再起。如今兩件事都落空，剩下的，就是集體攻入吉良家復仇這條路啦。

參加開會的堀部安兵衛最爲興奮。他等這一天的到來，等太久了。

他立刻問：「我眞盼望明天一大早就回江戶，盡早通知江戶的同志們這個大好消息。

那麼，請問什麼時候開始行動？」

6：豐臣秀吉曾兩次策動攻打朝鮮半島，即所謂「元祿之役」（一五九二～一五九六年），「庚長之役」（一五九七～一五九八年）

「我想十月初是合適的時機。」

在場有人說：「已經都想好日期了呀！」

大石良雄自我調侃的說：我不是經常在撞木町消遣嘛。在那裡有美人陪在身旁，比較會有靈感。我就是在那裡都想好一切的呀！

衆人知道眼前的大石良雄是故意擺他們一道的。

大家頭腦中開始描繪卽將來臨的復仇行動，同時也確信在『家老』的帶領下，一定會成功！

赤穗城主淺野長矩發生變故的元祿十四年（一七〇一年，清康熙四十年），四月，在赤穗城內歃血同盟，宣誓要爲主公復仇的，當時共有大約一百二十人。

這許多人之中，不少人抱著某種希望。因爲以當時幕府統治下習慣，往往在滿一年解除處分。簡單的說，淺野家也許可以東山再起。

雖然在『家老』的恩情主持下，每人都領了金銀、稻米等，以渡過短暫時日。但究竟已失去城主，都成爲「浪人」[7]了。

個人劍道技術優越、或辦事能力高強的，可以投靠到其他「大名」那裡。可是這樣的人並不多。

因此，大家所期待的，當然是主公淺野家之再起。一旦淺野家再興，那不僅自己可以回到原地，子子孫孫都可以高枕無憂。

針對這個事件的處分於元祿十五年（一七〇二年）七月十八日頒佈了。幕府處分內容和所有人所期待的落差太大，主公的弟弟淺野長廣奉命前往廣島的淺野家本家接受看管。也就是說赤穗淺野家之再起已經沒有希望。

既然赤穗藩不能恢復，那去年結盟復仇的事自然也沒多大意義了。

雖然說，爲主公的心中悔恨去找吉良義央算帳，也是身爲家臣的義務。只是，這一來等於公開挑釁幕府，必定會遭受嚴厲處分的，這不是冒險的去白忙一場嗎？不少人這樣想。因此，想脫隊離去的人，一個又一個出現。

7：「浪人」，武士失去身份時，稱為「浪人」。現在高中畢業生考大學沒考上，準備重考時也被稱為「浪人」。重考三次則稱「三浪」。

出現許多抱怨的雜音：「一天到晚說要再起，再起！但一直沒有可靠訊息。簡直是一直在喊口號而已！」

「他老大一個人去京都、山科買一大片土地，蓋豪宅，吃香喝辣，甚至捐好多土地給佛寺。還聽說娶了小妾，逍遙自在。那我們呢？大家過的是苦日子。」

「老百姓支持找吉良義央復仇，說這是赤穗武士的職責；但幕府並不認同。聽說已派建部政字（內匠頭）四處追捕可疑份子。其中住在伏見的槽谷勘左衛門可以作證。」

又有人說：

「目前江戶到大阪、京都來往道路上已在進行臨檢我等的行蹤；吾等公開抗命，是否帶來危險。

另一方面，聽說吉良家也正在提高警戒，那成功的機會如何，是不是要更加考慮？」

雖然雜音很多，大石良雄依然胸有成竹，並不在意那麼紛雜的說法。

他卽時採取行動。

「圓山會議」的第二天，也就是七月二十九日，委託堀部安兵衛去江戶，並由潮田又之丞陪同。

八月五日，晤見大高源五、貝賀彌左衛門，要他們去把去年簽的「宣誓書」一一要回來。

這個動作表面是說，怕紙張放太久，恐怕壞掉了；其實是要一一確認每個人眞正的心意。

大高、貝賀兩人一同前往京都、伏見、大阪一帶，一一拜訪已簽署過的同志。

兩人與同志一見面，劈頭就說：「淺野長廣大人的處分已清楚了，我們已經無可奈何。過去我們共同簽署的『宣誓書』已經沒什麼意義了，可否退還給我們。」

不少人問：「這是『家老』大石良雄的意見嗎？」

碰到此種場面，大高源五就立刻回答：「『家老』已經變了一個人，每天花天酒地，沉迷於女色之間。老實說，他已經是不值得我們尊敬的人！」

貝賀順口又補充：「不僅僅這樣，幕府絕對不容許我們採取復仇行動的。再說，現在老百姓大多改變印象，覺得我們這一票人沒什麼作爲。這一來，復仇行動難上加難。所以把『宣誓書』還給我們吧。」

大高又說：「現在，我們再也不必想靠大石良雄了。我們各奔東西，在江戶、京都、赤穗各地找個棲身之所。暫時別管什麼復仇不復仇啦！」這些說詞，其實都是大石良雄編造的。

足見他是個深謀遠慮的人。

這樣交涉的情況下，有一部份人覺得很慶幸，因爲自己正不知道如何處理這一份「宣誓書」，就馬上找出來交還給兩人。

但是也有人聽了大高、貝賀兩人長篇大論以後，冷靜的說：「我不相信，『家老』絕對不是這樣的人。就算他現在行爲有些不檢點，我相信他絕對會爲主公復仇的。」大高、貝賀吹的法螺被拆穿了！

針對這些對象，大高、貝賀先深深道歉。再把七月二十八日，大石良雄頂天立地，決心爲主攻復仇的「圓山會議」的一幕鄭重告訴他們。

接著，再重新和他們簽署了另一份「宣誓書」。

跑遍好幾個地方，兩人熱演雙簧的結果，出現了許多人脫隊而去。大約減少了五十人。

過去還算熱心的：進藤源四郎、糟屋勘左衛門、岡本次郎左衛門、小山源五右衛門、小山彌方、大石孫四郎、山上安左衛門、多川九左衛門、平野半平，這些人正式退出團隊而去了。

理由當然很多，每個人都有一套說詞。

脫隊名單中的進藤源四郎、小山源五右衛門兩人，不僅過去主公重用他們，而且於公於私，都和大石良雄關係很深。

大石良雄拜託醫師寺井玄溪挽留兩人，兩人不爲所動，堅持離去。大石良雄也就無話可說了。

此時，京都正是秋風乍起，有點冷颼颼的。冷風似乎也吹入赤穗武士的心中。

參加了七月二十八日在京都召開的「圓山會議」以後，堀部安兵衛隔一天（二十九日）立刻自京都匆忙趕回江戶。同行者是潮田又之丞。

這一次，親自聽到復仇行動帶頭的領袖已經斬釘斷鐵的宣示卽將採取行動，一直心急的堀部相當愉快，走起路來也輕鬆多了。

在秋意正濃的東海道趕路，正要進入濱松時，意外遇到淺野長廣（主公之弟）的一隊人馬正要前往廣島接受該地的「大名」看管。

這時候，堀部心中的想法是：吾等的主公是淺野長矩一個人而已。一年來，朝思夜想，一心一意爲的是復仇行動。所以，對淺野長廣的隊伍，似乎沒必要刻意去打招呼！

潮田又之丞同意堀部的想法。

說起兩人的邂逅即成爲親密戰友的過程，是有些曲折的。一年前，潮田又之丞在京都奉命和原惚右衛門、中村勘助去江戶，負責說服激進派（堀部等人），不料產生戲劇性的結局，三人反而被說服了。

雖然堀部安兵衛在赤穗藩內可以算是比較資淺，但自從主公淺野良矩奉命切腹以來，不眠不休，一心一意投入復仇行動的規劃，而且自始至終，從未改變。潮田又之丞和他深談過以後，佩服得五體投地，成爲堀部的信徒，既使潮田還年長他一歲。

在淺野長廣的隊伍通過時，堀部和潮田禮貌性脫下草笠，站立在一棵老松樹下目送隊伍離去。

八月十日回到江戶，堀部立刻將大石良雄已決心進行復仇行動的具體消息報告岳父堀部彌兵衛。大家商量的結果，有了八月十二日的在隅田川[8]船上召開的「舟中會議」。

這一天，表面由江戶的堀部彌兵衛、奧田孫太夫、吉田忠左衛門三個人邀宴，租借了兩艘船舶在隅田川上，以避人耳目。一開始，堀部安兵衛把京都的「圓山會議」進行情形向大家報告。聽完報告，吉田忠左衛門立刻起立發言：「大阪一帶的同志既然已經決心起義，那我們絕不能再猶豫什麼。我們再來一次歃血同盟，等待大石良雄前來！」

衆人沒有異議，並立刻作成血書，一一簽署。

在座堀部彌兵衛開玩笑的說：「我太老了，流不出血啦！」

一旁的女婿堀部安兵衛馬上回應：「岳父大人還壯得很，完全沒問題。」

彌兵衛借題發揮，說了好多事：「豈敢、豈敢！我倒是找到了一個好女婿。再說，承蒙各位的恩德，讓我這個七十六歲老人也可以參加復仇團隊，活得有些意義，眞是感謝大家。坦白說，不能完成這個使命，我還不想死掉的。」

安兵衛說：「我的住處在兩國、矢倉米澤町。爲了種種考量，家人已安排去別處。預定和木村岡右衛門、小山田庄右衛門、中村清右衛門、毛利小平太這幾個住在一起。在我們起義以前，隨時方便見面討論任何事情。」

8：「隅田川」，江戶（東京）市內主要河流，又稱「墨田川」，因隅、墨兩字同音。目前早稻田、慶應大學每年均在隅田川舉辦西式划船的「早慶戰」。

堀部彌兵衛又說：「我女婿去年前往赤穗，今年又去京都，是很盡責、努力的好青年。」

然後問了吉田忠左衛門是不是最近搬家了。吉田回答：「正是，沒錯。原來和近松勘六借住在芝松本町、前川忠太夫家。前川是我們的老同事。最近搬到新麴町。那是得到淺野長廣大人處分結果、十天之後的七月二十七日。可是，那一天，前川說要回去赤穗，留不住他。」

這時，近松勘六也發言：「從今天起，吉田忠左衛門化名田口一眞醫師，而我是他的外甥田口三助。」

近松一句一句、慢慢說，似乎想緩和剛才吉田有些不愉快的氣氛。

吉田自己解釋：「開了診所，各種人進出比較不受懷疑，對我們的行動計劃比較方便，只是看病技巧，我還得磨鍊、磨鍊才行。」

大家想來想去，覺得這樣做是不是有些荒唐。

從木屋型船隻的窗戶望出去，可以看到岸邊的垂柳，間斷又傳來河裡的拍水聲，頗有些許浪漫氣氛。

今天的「舟上會議」算是小小的成功。大家都按了血印，表示決不反悔。

今天的會議、氣氛和平，而彼此有共識，堀部彌兵衛順勢又說了一席話：「在座各位大概只有我是老骨頭。請原諒我苦口婆心再說幾句。」

吉田忠左衛門朗聲附議：「請說、請說！」

於是堀部就發言：「那我就不客氣說幾句，第一件大事是想強調，今天既然已宣誓一定要達成復仇的任務，在往後的日子裡，假若彼此有些許意見不合，絕對要想到以完成任務爲重，不可發生爭執而壞了大事。其次，我要提醒大家不可迷於酒色。最近已發生一個案例。不僅當事人身敗名裂，更連累到許多親友，眞是得不償失。」

當天因爲備有水酒，堀部喝了一口酒，接著又說：「我們十分盼望帶頭的大石良雄儘早來江戶。這件事一定要小心從事，唯恐夜長夢多，發生枝節問題，那就不妙。所以十分盼望大石『家老』和大阪一帶的同志們及早集合到江戶來，這樣才方便行事。」

聽了最後一句話，衆人立刻附和：「沒錯，『家老』一定要趕快來江戶才好！」

於是當場指派潮田又之丞、近松勘六兩人立刻前往京都、大阪一帶，將江戶的決議告訴大家，並希望大家儘早到江戶來。

今天的會議是刻意扮演成酒席宴會的。理所當然的，大家也都喝了點酒。

雖然離十五滿月還有幾天，可是今晚月光皎潔，映在水波上，四處盪漾著月光，一片光影，頗有情調。岸上則佈滿路燈。

大家漸漸聞聊起復仇行動的事：「兵法中『進攻』以『寅刻』（清晨四點）爲妙。我們攻入吉良家也應該選這個時間。」

「吉良家在隅田川東岸，到時候我們就搭這種船，在東岸下船。白天先假裝是在觀光旅遊，晚上才行動。」

「武器必須用油紙包起來，集中放在船頭。大型用具，在前一天先搬到附近民宅，以便半夜使用。」

「當晚要嚴密守住正門、後門，凡是偷跑出來的，不論男女老幼，格殺勿論，這才不會有漏網之魚。」

「取得首級以後，就搭船去泉岳寺，中途在品川上岸再步行過去。」

各種意見紛紛提了出來。

接著，神崎與五郎突然說！我有兩首詩在這裡獻醜。——餘興節目開始。

在座有人起哄：「您想和去京都的大高源五一較長短嗎？」

神崎解釋道：「不，大高兄是俳句高手，我今晚吟的是『短歌』[9]。就請各位指教啦！」並開始朗誦：

鳥群四處飛／在都城的天空下／已暫時忘卻／在隅田川河水中／觀看那一輪明月

月亮半明暗／渾圓完整的月亮／四處靜悄悄／在人人內心深處／似乎有一片暗雲

在赤穗這許多同志中，神崎與五郎擅長詩詞，也可歸入「文人」行列。也許是這個緣故，同志們也知道他是一名酒國英雄。

今天，大勢已底定，又有酒喝，神崎與五郎心情大好。他吟著「短歌」，伴隨著船底下咕嚕咕嚕的拍水聲。

9：『短歌』，以五、七、五、七、七韻填詞的日本傳統詩。而「俳句」只有十七音（五、七、五）。

二、集結江戶

隅田川上舉行的「舟中會議」決議，立刻將衆人意見盡快前往京都向大石良雄報告。

八月十七日，潮田又之丞、近松勘六上路，從江戶出發前往京都，在月底到達京都、山科大石宅。

潮田開始將江戶同志開會經過以及決議內容一一向大石報告：「有關此次計劃中之復仇行動，乃是針對幕府中柳澤吉保（出羽守）大人以及高層人員的處理方式有不同意見。進一步，假若因爲吉良家警戒森嚴，以致復仇行動受阻，吾等希望幕府可以公平對待。就依據「鎌倉幕府」以來的規矩『吵架雙方都罰』（喧嘩兩成敗），以挽回武士的顏面。」——這是一部份人的意見。

近松補充：「江戶的同志們認爲，復仇行動未必一定成功，所以不能太樂觀。」

「不容許太樂觀，因爲總會有萬一；計劃再周密，總會有意外發生。」

此時，大石良雄也回應：「正確，說得好。所以事先要做最壞的打算。其實，我自己也想過這個問題：復仇不成，那該怎麼辦？」

「舟中會議」中，以吉田忠左衛門的意見比較獲得衆人贊成，也就是事先要思考如何面對失敗。這一點，大石良雄也贊成。

但是，大石良雄又說：「不過，那是所謂『萬一』，實際上，我們應該有信心，只許成功不許失敗！並爲了成功而必須做週全準備！」

個子不大的『家老』大石良雄，外表不太起眼；而其意志力之堅定是沒話說的。大石滔滔不絕，充滿自信的發言，潮田、近松兩人也服了。

1：「鎌倉幕府」，西元一一九三～一三三五年。

復仇行動計劃正在一步一步前進。

閏八月一日，大石良雄離開山科，住進京都四條、金蓮寺梅林庵。

之後沒多久，進藤源四郎、小山源五右衛門這兩名和大石良雄關係密切的人竟脫隊離去。

其中一人的小山源五右衛門乃是同志潮田又之丞的岳父。小山一脫隊，潮田立刻和妻子（小山的女兒）離緣，以展現決心和表示內心中的憤怒。

在這前後，大阪一帶的同志也紛紛向江戶移動。

第一梯隊（八月二十五日到達）：岡野金右衛門、武林唯七、毛利小平太

第二梯隊（九月二日到達）：吉田澤右衛門、間瀨孫九郎、不破數右衛門

另一人：木村岡右衛門於九月二十日抵達江戶。

一直都是激進派的堀部安兵衛、奧田孫太夫心急如火，一直嘮叨：『家老』爲什麼動作這麼慢！

過沒幾天，大石良雄的兒子（主稅）倒是先來了。一行人包含：間瀨久太夫、毛野和助、大石瀨左衛門、矢野伊助。他們也負有保護大石主稅的任務。

一行人到達日本橋石町三丁目小山屋彌兵衛的住宅，臨時落腳此處。大石主稅從此時化名「垣見左內」。

然後，大家約定好，有人問起這麼一票人來江戶所爲何事。人人要一致口徑的推說：「我們是遠江（今靜岡縣）人氏，前來江戶解決訴訟問題。」

從此開始，江戶的三個地方成爲同志們聚會討論事情的處所：

1、小山屋——日本橋石町。

2、田口一眞醫師宅（吉田忠左衛門）——新麴町。

3、堀部安兵衛——本所林町。

到了十月，原惣右衛門、貝賀左衛門、岡島八十右衛門、間喜兵衛以及小野寺十內也陸續來到。小野寺也帶了大石良雄的部下（家來）瀨屋孫左衛門一起來，以便在大石到達以前，先打點好生活起居設備。

在盼望、再盼望中，復仇行動帶頭的原「家老」大石良雄終於在十月七日正式從京都出發了，而且是一個小團隊；他們是：潮田又之丞、近松勘六、菅谷半之丞、早水藤左衛門、三村次郎左衛門。

大石良雄先到伏見，向一直負責同志書信收取、轉交等工作的本陣大塚屋小右衛門道謝，感謝他的無私奉獻。

爲了避免引起別人的懷疑，每人都打扮成各種行業的服裝。大石良雄也變名「垣見五郎兵衛」。

二十一日，一行人抵達箱根，大石特別帶領大家到「箱根權現」[2]（神社）參拜。

又到「曾我兄弟」墓前行禮。

建久四年（一一九三年，南宋紹熙四年）曾我十郎、五郎兄弟，爲父親而斬殺仇敵成功。由於那一年也正是日本走入武士統治全國的「鎌倉幕府」成立的那一年。這一次復仇事件也成爲日本武士復仇的模範。

聽說曾我兄弟復仇以前也參拜了「箱根權現」，所以大石良雄也理所當然的祈求一切順利。

在曾我兄弟墓前，燃了線香，供上一束野菊，並默唸：

「兩位地下有知，請務必助我一臂之力！」——雖然這已是五百年前的往事。

無巧不巧，就在大石默唸後，空中傳來老鷹大叫一聲！

大石良雄拔了一些墓旁的苔癬，愼重的包了起來，說了一句：「保佑我們這次行動成功！」

十月二十二日，一行人抵達鎌倉，吉田忠左衛門前來迎接，一行人全部到鶴岡八幡宮（神社）參拜和許願，祈求神明眷顧，使一切行動成功。

在鎌倉停留三晚、川崎一晚，二十六日到達在平間村的臨時住宅。同志富森助右衛門、中村勘助、瀨尾孫左衛門在這裡迎接大石良雄一行人。

這一處臨時住宅乃是赤穗藩繳城後，富森助右衛門來到此地興建的。土地是他熟識的一位農民五兵衛所有，同意讓富森使用。

對外宣稱，屋主是瀨尾孫左衛門，而垣見五郎兵衛（大石良雄化名）是房客。這裡離江戶吉良家倒還有一段距離。

十月二十六日，大石良雄住進川崎在平間村的臨時住宅。他草擬一份〈同志守則〉（十條）一一傳給江戶的每一名同志。

2：「箱根權現」，位於神奈川縣足柄下部箱根町。創立於奈良時代，乃是武士崇敬之神祇。歷代將軍、大名，許多人都來參拜。大石良雄在此奉獻金錢的記帳冊，目前還完好保存。

這十條守則大致如下：

一、本人已臨時居住在川崎，在此訂定守則，希所有同志一體遵行。

二、攻入時之服裝，全體一致。包含上、下衣服、綁腿、草鞋均要一致。

暗號、手勢稍後頒佈。

三、所持武器以各人之擅長武器為準，需要之武器可提出申請，以便事先準備。

四、各人在江戶市內，行為必須謹慎，並保持隨時可以參加集體行動之準備。不得和閒雜人透露此項計劃，亦不得向家人透露。

五、萬一在途中與對方（吉良義央）之隊伍相遇，亦不可採取行動，以免掛一漏萬，破壞大局。

六、復仇對象乃吉良義央、義周父子兩人。吾等必須確認兩人在家時行動，以此，有可能必須等待數日。期間之生活所需，必須先做準備。

七、同志在互相聯繫，乃至閒談中，絕不可提及復仇行動計劃，亦避免走漏風聲於任何場合。

八、攻入之對象是吉良義央、義周兩人。但當日人員紛擾，唯恐錯失良機，因此住宅內不論男女老幼，一概格殺勿論。（事實上，攻入當天饒了女性、孩童）住宅之正門、後門、新門均應嚴加看守，避免有逃離者。

九、據已得資訊，獲悉對方宅內住有約一百人。則吾等攻入後，以每人斬殺二～三人才可成功，希切記。

十、全體同志一同向神明宣誓、祈福。宣誓文近日頒發。

在十條守則後面，加注了任何同志如有意見，可直接向大石良雄提出。

大石良雄自己考慮到避免思慮不周而遺漏重要事項，一方面在基本態度上也表示一定尊重各人的不同看法。

既然明示歡迎發表意見，堀部彌兵衛也就不客氣的寫了一封信表達心中的不滿：「大石大人的動作未免太遲緩。既然要掌握吉良義央的行蹤，卻沒有具體對策！自去年到現在爲止，是否已有若干對策。吾等衆人拋棄人世間的名、利，拋棄身、心一切，相信必定可以事成，因此，應急速行動。」

自從家裡來了一名激進派人物堀部安兵衛（女婿）以後，自己突然也心急起來。何況年紀已七十有餘。堀部彌兵衛早已下定決心，生前絕對要參加復仇行動，否則死不瞑目。

類似的意見函還有幾封，都在催促儘快付諸行動。

大石良雄於是搬離川崎，改住日本橋石町、兒子的住處。他冒稱是垣見左內（卽大石主稅）的伯父，率領家人、屬下來江戶辦事。

從此開始，積極的規劃具體的復仇行動；也各自注意〈守則十條〉各個項目的要求。

現在最爲緊急的是吉良義央住宅內部配置圖的取得。之前，松平登之助使用時的地圖已由堀部安兵衛畫得清清楚楚，沒有一點點問題。可是，吉良義央住進來以後，他也預估赤穗武士必有所行動，於是內部改建很多。原來那一份配置圖已沒有太大用處。

事有湊巧，某一天，吉良宅附近發生火災，當時又下著雨，就住在附近的米屋五兵衛（前原伊助）、小豆屋善兵衛（神崎與五郎）反應很快，一邊喊著：「屋裡漏水了！」一邊爬上屋頂，兩人把清晰映在火光下的房舍看得好清楚，就根據觀察結果修正原有那一份配置圖。

另外，得到一些馬路消息。一是有人說，倉庫有地下通道直通外面；又有人說，在若干處所種植了成排的竹子以防備外人入侵。前原和神崎在屋頂上當然看不清楚這些細部情形。

這一段時期內，凡是在吉良家出入的，幾乎都是三河國（今靜岡縣）吉良村人氏。也就是吉良義央只相信他的同鄉鄉親，不相信其他地方的人。

幸運的，毛利小平太找到一個機會，和一名承包工程的人混進裡面。他把實地觀察的結果報告了大石良雄。

更進一步，必須掌握吉良義央就寢的處所，進行復仇行動時才能避免讓他逃脫掉。

這時候，磯貝十郎左兵衛藉著他年輕英俊，勾結在吉良家出入的女人，仔細打探吉良義央平日生活起居，大致了解了實際狀況。

由於武士卽是軍人，大石來到日本橋住下，便展開一連串的軍事行動。他把年輕的成員召集起來，輪班負責兩項任務。

一、日夜巡邏吉良義央宅邸四周，記錄所見所聞以及在吉良家出入的人。

二、巡視本所吉良家和櫻田上杉家之間的道路，看有無任何動靜。

當然，大石良雄早就令人把吉良家的長、寬、角落以及四周道路的寬度、和圍牆高度等都調查得一淸二楚。

這些觀察、警戒行動，一直維持到十二月十三日爲止。

到達江戶的第二天，亦卽十一月七日，大石良雄通知吉田忠左衛門、原惣右衛門兩人到小山屋彌兵衛這裡來商量〈起義宣誓文〉的內容。這一份「宣誓文」是吉田起草的。八日，通知每人前來領取一份〈起義宣誓文〉。

現在面臨最緊急的事態是：要準確取得吉良義央留在宅邸內的訊息，否則萬一撲了個空，那苦心規劃的復仇行動將成爲泡影。

大石良雄有一位熟悉的商人中島五郎作住在江戶市內三十間堀。而這裡住了一位年輕的學者羽倉齋（後來的荷田春滿），他從京都來江戶進修，大石良雄也認識此人。因此，大石良雄一到達江戶，便去中島家拜訪。

大石在中島家時，對復仇計劃隻字未提，然而此人似乎早已察覺大石的意圖，竟主動透露了一宗重要消息：

吉良喜好茶道，常邀請「表千家」茶師山田宗徧到他家舉辦茶會。不僅如此，其實羽倉齋也經常進入吉良家去和吉良義央切磋學問以及日本傳統詩（和歌）。

這是太珍貴的訊息。

大石良雄立刻設計透過茶師山田宗徧以瞭解吉良義央何時在家的正確訊息。

大石良雄找來同志大高源五，要他扮成大阪商人脇屋新兵衛，之所以來江戶，是受大阪一位「大名」之託，來此經辦嫁粧，並得空想學茶道，而拜師山田宗徧。

這次復仇行動，眞是用盡策略，也用心良苦。

十一月二十九日，大石良雄心裡盤算規劃已久的大事即將來到，則主公家一手經辦的財務收支應及時向夫人（瑤泉院、阿久里）報告才對。

他提出了一份〈預置候金銀請拂帳〉（經手財物收支帳目），交給淺野夫人的一名部下落合與左衛門，請他轉呈給夫人。

這一份帳目主要有下列幾項：

1、元祿十四年（一七〇一年）向幕府繳城前後及當天的支出金額。

2、夫人自娘家嫁入夫家時的嫁粧中，其金錢部份借貸給公家經營鹽田。利息部份雖已付清，但本金尚完整保存。此時一次歸還。

3、攻入吉良家，必須之武器、器具等支出。包括：刀、槍、箭、其他武器及梯子、粗繩子……等。

很快到了接近過年的十二月。

十二月二日，大石良雄下令所有同志在深川八幡（神社）前面一家茶館集合。表面假裝是大家前來「標會」。爲避免走漏風聲、房間緊閉，大家都悶在房子裡。

這一天共同所商量的，乃是至關重要的攻入吉良宅邸行動的所有細節。因此逐項細心討論，最後才告定案。

內容分列十六條，也就是還存世的史料〈人人心覺〉（備忘錄）。

一、攻入日期決定時，前一天在吉良宅附近，分三個地點集結。

二、最後所有同志集合在本所林町堀部安兵衛處。

三、絕對守時。

四、取得對方（吉良義央）首級時，以其人之上衣包好。

五、復仇行動中，萬一遭遇官方取締，主動向官方說明用意。如官方不准許，應依官方指示辦理，不可抗命。

抗命非吾等同志之本意。如可以，向官方請求准許吾等攜帶首級前往泉岳寺，在主公墓前祭拜。

六、吉良義央義子義周之首級，不必攜往。

七、我方傷者可撤退，其中重傷者也應由他人協助撤退。

八、復仇對象父子之首級取得時，吹笛子示警，並週知所有同志。

九、以鳴鼓表示全部撤退。

十、撤退地點在回向院。如回向院無法進入則改在兩國橋東側廣場。

十一、撤退途中，如有好事者追問，應冷靜詳加說明：吾等前來為主公復仇，並等待官方到場檢查。任何人均不會逃走，如不信，可隨吾等到回向院求證。

十二、如有吉良家人員追出，當場一決勝負。

十三、萬一在達成目的前官方人員來到，則緊閉大門，由同志一人從便門外出向官方人員說明一切。

十四、前項情況，官方強欲進入時亦不可開門，說明行動完成時即開門，並聽從官方指示。

十五、集體由後門撤出。

十六、吾等同志均已下定決心，視死如歸，人人應無恐懼。

事成後，亦可能遭受極刑。總之，人人心中不可動搖。

從這十六條守則敘述的內容，可知思緒週全，並考慮到萬一中途官方出現，以及附近老百姓的反應等，可謂鉅細靡遺；並且維持人人心身純正，絕不和官方對立。

事先集結的三個地點是：

◆本所林町五丁目——堀部安兵衛住宅。
◆德右衛門町一丁目——杉野十平次住宅。
◆相生町二丁目——前原伊助住宅。

攻入吉良家時間決定在十二月六日清晨四點（寅刻）。因爲大高源五從茶道老師山田宗徧那裡聽到六日上午吉良家有茶會，那恰好可以進行復仇行動。

同志們每個人都很興奮，因爲等太久了。

可是，到了五日那天，大高突然向大石良雄報告：六日的茶會中止了，因爲五日那天，將軍德川綱吉要去柳澤吉保（側用人）家。大石立刻決定延期。這是因爲吉良義央惟恐引起將軍心情不快才臨時取消茶會。

此外，十二月四日吉良義央前往白金（地名）去探望上杉綱憲（此人乃吉良的兒子，去上杉家當養子，並繼承上杉家封地）的病況。

很快到了十二月十日。

同志們個個心急如焚。

大高源五向大石良雄報告最新消息。當他去請教茶師山田宗徧一些問題時，山田告訴他：十四日有茶會，十五日也大約在家。

終於決定十四日清晨攻入吉良宅。

十一日那天，有一名同志毛利小平太逃跑了。此人原本非常熱心，甚至冒險潛入吉良家以打探軍情；而且已經編入「大門進攻組」。毛利是全隊伍最後逃脫的一人，原因不明。

十二月十三日，江戶大雪。四處白茫茫的一片。

堀部彌兵衛跟大家說，自己在夜裡做了一個美夢，覺得事情一定會成功。堀部興高采烈找來女婿安兵衛、外甥佐藤丈右衛門、堀部九十郎等人痛快的喝了幾杯，心情特好。

這一晚的餐會，事實上只是一名江戶的熱血武士細井廣澤安排的。他原本不是赤穗藩的人，卻對堀部彌兵衛、安兵衛一直十分敬佩，一旦知道四十七人即將舉事，便辦了酒席表達心意。

細井在四十七人攻入吉良宅以後，一個人爬上屋頂（他住在附近）查看，害妻女很擔心。事成時，堀部安兵衛特地到他家報告成功的消息。一直積極參與，從未變節的堀部彌兵衛、安兵衛翁婿兩人，想到立志爲主公復仇的一幕就在眼前，似乎兩人都歡欣鼓舞。

（以下情節銜接本書第一部）

◇解說一：武林唯七

在一七〇二年發生的四十七名赤穗武士爲主公淺野長矩復仇事件中，居然有一名中國人的後代武林唯七也參加了這一次復仇行動。武林唯七出生於西元一六七二年，卒於一七〇三年。

武林唯七的祖父孟二寬原本是浙江杭州人，何以跑到日本去呢？在傳說中也有自中國漂流海外，而來到日本的說法。

但推測是日本豐臣秀吉發動的征韓戰爭時，在「文祿之役」（一五九二～一五九六年）這一次戰爭中，因孟二寬當時在朝鮮半島行醫而被捕，大軍回日本時被押送回來，從此定居日本。

孟二寬到日本後改姓渡邊，武林唯七的父親渡邊平右衛門投入赤穗藩成爲淺野長矩的家臣（醫師）。武林唯七在家中排行老二。復仇事件中，他取名「武林唯七」，「武林」即杭州之古地名。（現在杭州市內有「武林廣場」）

武林唯七在赤穗藩內地位並不高，但對主公淺野長矩十分忠誠。他原本是被派遣駐守在江戶的，主公切腹後，他立卽回到赤穗，同意死守城內和幕府將軍對抗。但接觸了堀部安兵衛以後，受到堀部那股大義凜然的精神感動成爲激進派，在復仇行動以前，住在江戶本所、杉野十平次家中等待時機。杉野當時二十八歲，家中經濟情況很好，時常主動接濟赤穗的同志。

武林唯七在復仇事件後，奉命切腹時，吟了一首唐詩絕句作爲「辭世詞」，其第一句是「三十年來一夢中」。

在四十七武士之中，他是唯一的外國人。

◇解說二：堀部安兵衛

在四十七名參與復仇行動的赤穗藩武士之中，堀部安兵衛可以算是義薄雲天的一位。而他留下的《武庸筆記》，滿紙忠誠和勇敢的鬥志，誠為武士之楷模。

堀部安兵衛以三十四歲之青年參與復仇隊伍，卻是一名最為積極的激進派。其短暫生命卻頗為曲折。

堀部安兵衛幼年名中山安兵衛，父親中山彌次右衛門是越後新發田（今新瀉縣）的武士，食祿二百石。自溝口宣直（出雲守）到溝口宣廣，歷經兩代藩主。生有三女一男。安兵衛是中山家唯一男兒，出生那年母親即病逝。

十四歲，其父以連坐罪被貶而病歿。他成為孤兒。幼年安兵衛只得四處投靠親戚，過著孤苦伶仃的日子。但他從不氣餒，時時自我鞭策，文武兩道都有相當水準。

十九歲時，立定志向前往江戶修鍊，期待更上層樓，因緣際會得以拜江戶劍道高手堀內源太左衛門為師、武術大進。更在江戶得以和伊豫西條藩（今愛媛縣）武士菅野六郎左衛門相識，並尊菅野爲叔父。

元祿七年（一六九四年，清康熙三十三年）二月，菅野因細故和另外一名外藩的武士村上庄左衛門起衝突，兩人互相記恨在心。

村上庄左衛門於二月十一日公開向菅野挑戰，相約在高田馬場（今東京新宿區、早稻田大學附近）決鬥。現場村上帶來大批人馬，中山安兵衛義不容辭，參加戰鬥。在決鬥中，菅野這邊以寡敵衆，而中山安兵衛發揮其高超的劍術，獲得大成功，因此博得了好名聲。

不久，赤穗藩駐江戶武士堀部彌兵衛次郎以愛才而主動要收安兵衛爲養子，但安兵衛堅持不肯答應。不得已，彌兵衛降低姿態，表示願意將女兒嫁他，彌兵衛本人當作陪嫁，安兵衛終於同意。（這種奇特的婚姻方式，在日本也算極爲稀有，小說作家海音寺潮五郎曾經把這一段故事寫成《元祿侍氣質》。）

中山安兵衛後改姓堀部。命舛的安兵衛不久遭遇岳父堀部彌兵衛的主公淺野長矩刀傷另一名高階武士而罹罪切腹。

這樣奇特經歷的堀部安兵衛，立刻以爲淺野長矩復仇爲天職，成爲整個復仇行動的急先鋒。甚至連從大阪來勸他稍安勿躁的人反而被他的熱忱感染而開始和他同調。

在四十七名武士復仇行動中，自始至終，他一直是最積極參與的一人（其實，與其他人比起來，他和赤穗藩關係並不深）。

堀部安兵衛，四十七武士的急先鋒，終年只有三十四歲。不過，從此，三百年來，日本人都沒忘記他。

畫家筆下的堀部安兵衛

◇解說三：學者山鹿素行

在江戶時代的學者之中，山鹿素行屬傑出的一位。

由於山鹿素行曾長住赤穗藩八年之久，包含藩主淺野長矩、「家老」大石良雄，乃至其他人受山鹿素行影響極深。有人指出：四十七武士之所以一片赤誠為主公復仇，與接受山鹿素行之薰陶有關。

山鹿素行、儒學者、兵法學者。名：貞直，通稱甚五左衛門、字子敬、號素行、高興。日本會津（福島縣）人。生於元和八年（一六二二年，明天啓二年），卒於貞享二年（一六八五年，清康熙二十四年）。父貞以曾仕各藩，晚年行醫。

九歲時來江戶拜林羅山為師。（林羅山係幕府御用儒學者），十五歲又從小佃景憲、北條氏長學習兵法之學。

其後又鑽研神道、老莊、禪學……等，可謂博學多聞。終其一生，門徒有二千人之多。

承應元年（一六五二年）起，受赤穗藩主淺野長直（長矩之父）

禮聘，成爲專任學術師範，食祿一千石。在將近八年期間，教導赤穗藩駐守江戶之武士，中間有七個月滯留在赤穗教導武士及其子弟。

寬文五年（一六六五年）著有《聖教要錄》乙書，內容涉及批判幕府尊崇之「朱子學」，因此翌年被敕令謹言愼行，並由赤穗藩看管。（幕府時代犯錯，即以此種方式處罰）

但赤穗藩自藩主以至上下諸人恭敬迎接以前之師尊，藩內「家老」大石賴母（良雄之父）安排在近鄰，朝夕請安，厚待起居。此次滯留八年九個月。（一六六六～一六七五年）

後來繼任「家老」之大石良雄此時是八歲到十六歲，正是學習欲旺盛時期，受教於山鹿素行者尤多。

山鹿素行兵法學中有「一向二裡」策略，也就是進攻敵人時，採取一種正面進攻法，但同時要準備另外兩種策略，以免遇到突發狀況而無退路。事後檢視四十七武士攻入吉良義央邸宅時之行動計劃，即可知是得計於山鹿素行傳授之學理。

以下摘錄數條山鹿素行著作，以供參考。（均抄原文，未加更改）

◆〈忠、恕〉忠者爲人謀而不私於身也、信者愨實而不欺也。忠不私、信不欺。忠就心上說、信就事上說。忠以事君長、信以交朋友。聖人之教在忠信恕者、己所不欲、勿施於人也。忠是對物不私、恕是以人治人。

（《聖教要錄》）

◆〈誠〉不得已之謂誠、純一而不雜。古今上下不可易也。維天之命於穆不已也、聖教未嘗不以減信也、德也、信義也、禮樂也、人人不得已之誠也。如父子之親、是非假合附會也。無妄之謂誠、眞實無妄之謂誠。共不知誠也、致不得已之誠·則一言一行、一事一物之間無不誠。

（《聖教要錄》）

◆〈論學〉蒙當二千歲之今[1]、大明周公、孔子之道猶欲糺。吾誤於天下、開板《聖教要錄》之處、當時儒學腐學、不修身、不勤忠孝、況天下國家之用、聊不知也。故於吾學無一句之可謂論、無一言之可糺。或借權而貪利、或構讒而追蹤、世皆不知之。專任人口而傳虛、不正實否、不詳其書、不究其理。強嘲書，罪我於茲始安。我言之大道無疑、天下無辨之。夫罪我者，罪周公、孔子之道也。我可罪而道不可罪。罪聖人之道者、時政之誤也，古今天下之公論不可遁。凡知道之輩、必逢夭災，其先蹤尤多。乾坤倒覆、日月失光、唯怨生今世，而殘時世之誤於末代。是臣之罪也。誠惶頓首。

（《配所殘筆》〈致北條氏朝〉（安防守）札）

1：起頭「蒙當二千歲之今」一句，係指二次大戰前日本曆法，如西元一六七〇年，即日本紀元二三三〇年。

◇解說四··吉良義央領地人民遭「殃」

自從赤穗四十七武士復仇的故事傳播到日本全國以後，有兩個地方的人並不喜歡看戲劇「忠臣藏」。

一處是吉良義央的領地··三河吉良庄，即現在的愛知縣播州郡吉良町。

另一處是山形縣米澤市。這裡是吉良義央的兒子過繼給上杉家而繼承了十五萬石俸祿的藩主。

抄作二、三百年的「忠臣藏」，在日本人心目中一直認爲吉良義央是個大壞蛋，淺野長矩和四十七武士的死都是因他而引起的。又因爲武士社會自十二世紀以後有「喧嘩兩成敗」（打架時，兩造都受罰）的說法，老百姓認爲吉良義央未受罰不公平。

但在吉良義央的領地老百姓眼中並非如此。

在當地，大家一致認爲吉良是一位好主公。當地流傳，吉良曾經發動人力，一夜之間築好「黃金堤」以防洪水氾濫，又發動人力開發了「富好新田」（現愛知縣西尾市），改善當地人民的生活。

又傳說吉良義央回到他的領地時，常騎著一匹「赤馬」巡視各地，並隨處和農民閒話家常，十分親民；所以老百姓對他印象很好。當地的鄉土玩具便是「小赤馬」。

不過，在日本傳說中（特別是江戶）的吉良義央又有些不同，他不僅害死淺野長矩，也曾陷害石見津和藩主龜井茲親。大家也認爲吉良義央自己認爲是名門（高階武士）之後裔，又有兒子上杉綱憲撐腰，平時待人趾高氣揚，一副不可一世的樣子。

有關於米澤市和上杉綱憲，說起來是「池魚之殃」或「無妄之災」。

上杉綱憲在淺野長矩刀傷吉良義央以後，爲保護生父吉良，確實有派人進駐到吉良家，但人數並不多，這是四十七武士殺進吉良邸宅時可以得到證明的。

此外，赤穗藩的武士一直「合理的懷疑」上杉綱憲隨時會有軍事行動；一年多之間，疑神疑鬼。但從結果來看，上杉綱憲尊重當時的體制，從來沒有採取什麼大動作。在他眼中，應該還是尊重幕府的，否則把火引到自己這邊來，不是燒到自己了嗎？這又何苦？

第五部 餘緒

一、「忠」的定義

在日本一千六百年歷史中，沒有任何一次歷史事件像四十七武士復仇行動這麼廣泛、持久的一而再、再而三的討論，甚至三百年後的今天，似乎還沒有定論。至於文學、浮世繪、戲劇、電影作品之層出不窮，一再被重新描寫、表演、上映……。這樣的熱門，不僅是日本這個國度沒有第二種案例。在外國，除了莎士比亞的作品以外，大約也是少有的。

仔細分析起來，其背後原因如何呢？似乎可以用假設的方法來探討：

1、假設淺野長矩刀傷吉良義央，在淺野長矩奉命切腹之後，幕府深入調查吉良義央，並加懲處，則四十七武士就沒有復仇的理由，也就不會因復仇行動而全部被幕府處死。

2、第一階段如常、第二階段在四十七武士完成復仇後，只加以懲處，而不命令切腹（如：流放外島等方式）。

這一來，大致在當時喧鬧一陣子以後人們就忘了。

（江戶時代復仇的案例大大小小有很多，不只這一次）

從「忠臣藏」的歷史發展源流來看，事件發生後的四十七年出現《假名手本忠臣藏》（劇本）是一個引爆點，老百姓普遍深深同情四十七武士，其背後大致也有批判幕府（或德川將軍家）的成份。更值得注意的是，二次大戰後的一九四五年起，美軍佔領日本期間，有九年禁演《忠臣藏》；因爲怕日本人「復仇」。

事實上，在兩次事件（刀傷事件、復仇事件）發生後，已經衆說紛紜。其背後，不僅僅有法制、道德、操守的問題，更有彼此不同的立場（親戚或同族、勢力範圍…等），因此也就更加複雜了。

尤其值得注意的是學者（不是武士）之間陸續發表的各自不同的看法，似乎各自有其一套道理，令人產生迷惘。總體而言，可分成兩派不同的看法：

一、肯定或支持論

◆室鳩巢：《赤穗義人錄》。書名用「義人」兩字，而且在事件後一年（一七〇三年）就出現。

◆林鳳岡：《復讐論》。書中也用「義士」一詞。作者是幕府內儒學者。

◆伊藤東涯：撰長詩〈義士行〉。也用「義士」兩字。

◆三宅觀瀾：《烈士報讐錄》，書中大爲讚揚四十七武士。

◆淺見絅齋（山崎闇齋弟子）：《赤穗四十六士論》，書中指復仇是「忠義」行爲。

二、反對派

◆荻生徂徠：《赤穗四十六士論》，不支持成群結黨復仇，以敗壞「公義」。尤其討論到吉良義央，上杉綱憲父子的立場。

◆太宰春台：《赤穗四十六士論》持批評態度，不同意四十七武士爲主公復仇的正當性。

這一類意見南轅北轍的討論話題，甚至到了近代，啓蒙思想家福澤諭吉還提出來重新評估四十七武士行爲的正當性。

接下來看看民間、老百姓的反應如何，就頗為有趣啦。

元祿十六年（一七〇三年，清康熙四十二年）二月四日，四十七武士奉令切腹。不到兩個禮拜，二月十六日，江戶山村座（舞台劇場）由演員中村七三郎帶頭演出了〈曙曾我夜討〉一齣劇。看看戲名有「曾我」，借用歷史上「曾我兄弟．復仇」，但進去看戲的人，心知肚明，這根本是在演四十七武士的故事。

第三天，幕府馬上前來執行禁演。因為戲劇內容「指桑罵槐」，在那嚴厲的武士統治時期，怎麼可能讓老百姓批判而坐視不管。不過這以後，禁不勝禁、抓不勝抓，在江戶、京都、大阪，演員隊伍四處逃竄，因為行情太好，天天滿座、場場滿座。──這可以充份明白，老百姓對四十七武士的同情是多麼深刻了。（雖然會因此得罪當時的幕府）

以四十七武士復仇故事為主軸、流傳（上演）三百年的《假名手本忠臣藏》（通稱「忠臣藏」），成為日本歌舞伎三大戲目之首。（另兩齣為：《菅原傳授手習鑑》、《義經千本櫻》）擔任演出者，不消說，都是同一時代演員的翹楚，其人數已數不清楚了。

值得注意的是，《忠臣藏》之第一次演出，是事件發生四十七年後的寬延元年（一七四八年）八月。地點是大阪道頓堀的「竹本座」，這時是「人形淨瑠璃」（大型偶戲）。之後，長期以來，大抵都在大阪、京都上演，而不是幕府所在地的江戶。

事實上，根據歷史事件改編的《假名手本忠臣藏》不僅僅滲透到日本民間，這齣戲的發展過程也成爲日本戲劇發展史的一個重要部份。

《假名手本忠臣藏》的誕生也有必要加以說明。

首先，當初這齣戲的劇本是由：竹田出雲、三好松洛、並木千柳三個人分工，各負責若干部份而成的。可是，這個劇本是「人形淨瑠璃」（大型偶戲）用的，只有五幕；而歌舞伎則有十一幕。

這以後，長達二、三百年就一直以《假名手本忠臣藏》爲基礎，綿延不斷的流傳下來。

二、「忠臣藏」電影

在電影黃金年代，由於客觀條件的差異，電影作品由各家公司一再拍攝製作，數量自然比歌舞伎、人形淨瑠璃等多出許多。

所拍攝電影之年代、片名及電影公司如下：（依製作順序排列）

◆明治年代（一九一〇年～）：

《假名手本忠臣藏》（吉澤商店）、《忠臣藏》（橫田商會）、《十二時忠臣藏》（M巴鐵）、《忠臣藏》（橫田商會）。

◆大正年代（一九一二年～）：

《忠臣藏》（日活）、《增補忠臣藏》（日活）、《假名手本忠臣藏》（彌滿登音影）、《忠臣藏》（天活）、《實錄忠臣藏》（小松商會）、《實錄忠臣藏》（日活）、《元祿快舉十二時忠臣藏》（日活）、《假名手本忠臣藏》（日活）、《實錄忠臣藏》（國活）、《實錄忠臣藏》（日活）、《實錄忠臣藏》（松竹）、《實錄忠臣藏》（牧野）、《實錄忠臣藏》（帝Kine）、《實錄忠臣藏》（日活）。

◆昭和年代（一九三六年～）：

《忠臣藏》（帝Kine）、《實錄忠臣藏》（Makino）、《元祿快舉・大忠臣藏》（日活）、《忠臣藏》（松竹）、《忠臣藏》（日活）、《忠臣藏》（大都）、《忠臣藏・天之卷》、《忠臣藏・地之卷》（日活）、《忠臣藏・前篇》、《忠臣藏・後篇》（東寶）、《元祿忠臣藏・前篇》（興亞）、《元祿忠臣藏・後篇》（松竹）、《忠臣藏》（東映）、《續忠臣藏》（東映）、《女間者祕聞・赤穗浪士》（東映）、《赤穗義士》（大映）、《忠臣藏》（松竹）、《赤穗浪士》（東映）、《大忠臣藏》（松竹）、《忠臣藏》（大映）、《忠臣藏》（東映）、《赤穗浪士》（東映）、《忠臣藏》（東寶）、《赤穗城斷絕》（東映）。

◆平成年代（一九八九年～）：
《四十七人劍客》（東映）、《忠臣藏外傳・四谷怪談》（松竹）。

三、小說作品

在日本以歷史事件爲題材的小說作品，就數量而言，「忠臣藏」的故事大約也是首屈一指的。

眞的有那麼多材料可以寫？而且一而再的在不同時代出現，這又是什麼原因？問題很簡單，寫作的材料太豐富了。從整個故事的全貌，以至刀傷事件、繳城，以及一年多後的復仇行動。光是這一年多的人、事、物等就有取之不盡的材料可用。

再說，故事主角的：將軍、淺野長矩、吉良義央以及四十七名武士，乃至他們的家庭、家人……，隨處有太多的小說材料可以摘取。並且，今後仍然可以一直寫下去，永遠寫不完。

以下簡單介紹少數幾種文學作品：

◆《正史・忠臣藏》、福島四郎、中公文庫

◆《赤穗浪士傳》上、下。海音寺潮五郎、中公文庫

◆《大石內藏之助》、雪花山人、角川文庫
◆《新編忠臣藏》、吉川英治、講談社
◆《山嶺群像》、堺屋太一、文春文庫
◆《吉良忠臣藏》、森村誠一、角川文庫
◆《忠臣藏合輯》一、二。繩田一男、河出文庫
◆《何謂忠臣藏》，丸谷才一、講談社
◆《不忠臣藏》、井上Hisashi，集英社
◆《四十七名刺客》、池宮彰一郎、新潮社

福島四郎：《正史、忠臣蔵》，中公文庫

雪花山人：《大石內藏之助》（大石良雄），角川蘇菲亞文庫

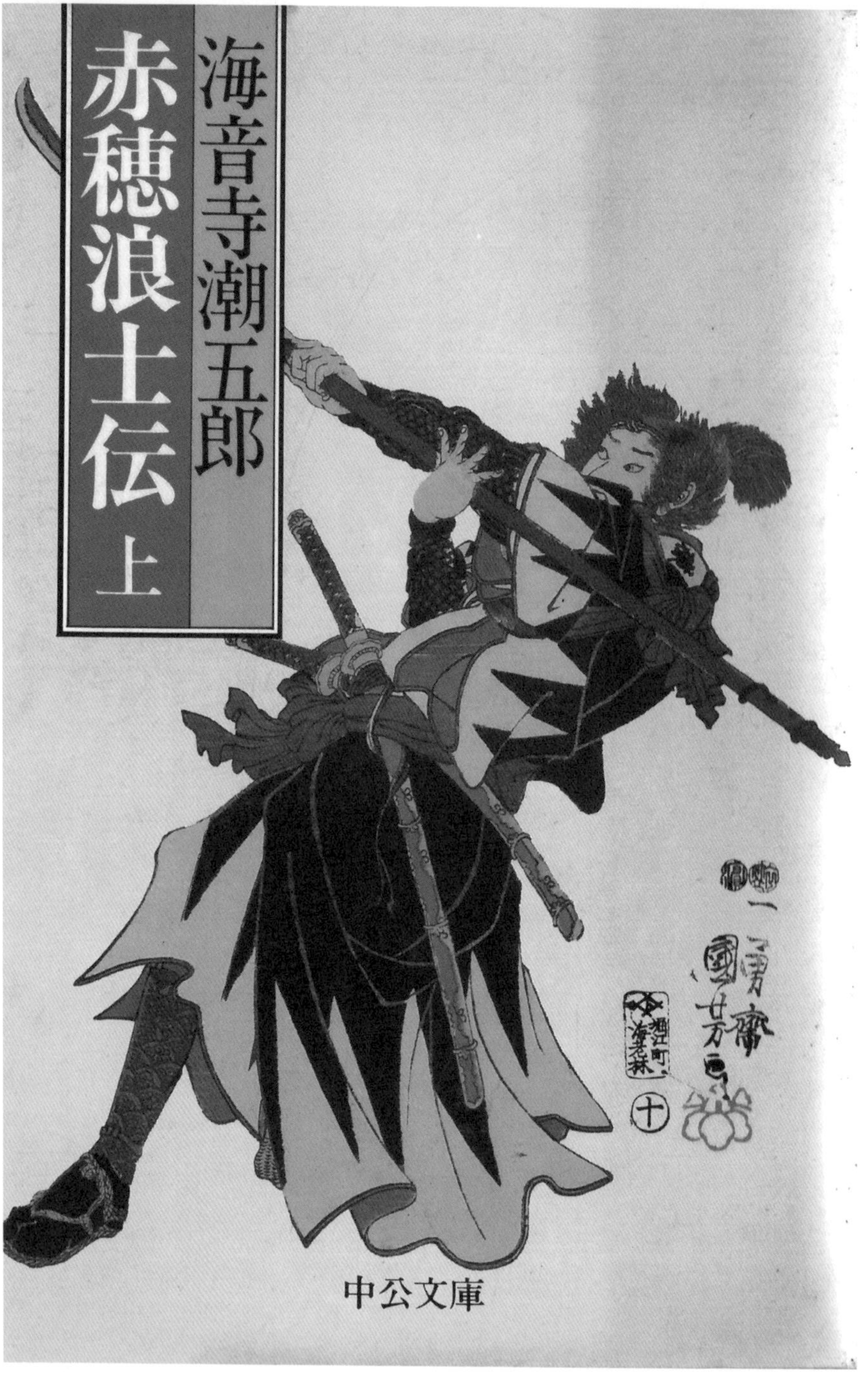

海音寺湖五郎：《赤穗浪士傳》上、下，中公文庫

井上Hesashi：《不忠臣藏》，集英社

四、歌舞伎《假名手本忠臣藏》

自從一七四八年出現「人形淨琉璃」（偶戲）劇本《假名手本忠臣藏》，第二年改由歌舞伎演員演出以來，劇本（及演出內容）雖然若干細節有過修改，但全劇十一幕、以及戲中人幾乎都沒有改變。（請參考劇中人和實際人物對照表）

十一幕的內容大致如下：

拉開布幕以前，舞台裡傳來木柝（梆子）敲擊聲，緩緩的敲四十七下（代表四十七武士）。此時，觀眾席傳來此起彼落的飲泣聲。

◆第一幕

足利尊氏（室町幕府創立者）之弟足利直義代替兄長將政敵新田義貞遺物預定奉納在鶴岡八幡宮。足利直義要求新田義貞部下塩冶判官之妻顏世御前加以鑑定。此時，足利尊氏的一名屬下高師直正要遞一封情書給顏世御前。在場看到的桃井若狹之助加以阻擋。惱羞成怒的高師直斥責桃井，桃井遂拔刀準備砍殺他。正在此時，傳來「直義大人駕到！」因此沒有砍殺成功。（第一幕情節幾乎都是架空的，當時劇本寫作者可能是因爲不敢得罪幕府，所以如此安排。但劇中對赤穗藩主淺野長矩的夫人似乎會造成負面形象。）

◆第二幕

桃井若狹之助邸宅。「家老」加古川本藏有女兒小浪許配給大星力彌。力彌乃是塩冶家「家老」大星由良之助之子，奉主公塩冶判官而來。力彌回去時，桃井若狹之助要求加古川本藏想法砍殺高師直。加古川在屋旁卡嚓一聲摘下松枝，表示會照辦；但心中尙有猶豫。（這一幕情節也與史實有出入；大石主稅在就義前也沒訂親過。）

◆第三幕

在足利邸宅後門，加古川本藏帶來許多高貴禮物送給高師直的一名部下（要他轉呈）。桃井若狹之助本要砍殺高師直的，但高師直收了加古川本藏的贈品以後，一再向他道歉，於是暫時作罷。

不久，塩冶判官將高師直交給妻子的情書拿出來，高師直惱羞成怒，斥責塩冶是「井底之蛙」。塩冶忍無可忍，拔刀砍殺高師直。一旁的加古川本藏抓住塩冶。這一幕出現了一名年輕武士勘平誘拐塩冶判官夫人（顏世）的侍女阿輕私奔。（「阿輕」是傳說中，大石良雄隱居京都、山科時的小妾，卻在這一幕出現）

◆第四幕

幕府使者石堂右馬之丞、藥師寺次郎左衛門來到鎌倉谷的塩冶判官宅邸，宣示塩冶卽日切腹。此時塩冶已穿好切腹時之衣服。原本要等待大星由良之助的到來，等待太久，塩冶遂以短刀準備切腹，塩冶在大星及時趕到時，吩咐一定要爲此事復仇。大星聽命後卽離去。事後，大星由良之助和斧九太夫爲赤穗藩公款的分配而起衝突。

◆第五幕

私奔後的阿輕賣了身。勘平的好友湊足五十兩以便供作生意的本錢。阿輕的父親與市兵衛卻拿了這筆錢到山崎街道來。

意外的，斧九太夫的兒子定九郎卻殺了與市兵衛，並奪了金錢。此時勘平來附近打獵，將定九郎誤以爲是野豬而射殺。拿了定九郎身上的錢，謝天謝地的離開了。(這一幕十分戲劇化，但與史實不符。)

◆第六幕

勘平將金錢交給千崎彌五郎等人後，回到住處，阿輕正要坐轎子去賣身處。交談的結果，勘平殺的似乎是岳父與市兵衛。不久，與市兵衛的屍體用木板被抬回來。看了錢包，阿輕的母親狂叫：人是勘平殺的！此時，千崎彌五郎、東鄉右衛門兩人出現，說是：「私奔的錢不能要！」把錢交還了。接著千崎查看與市兵衛的傷痕，知道並非勘平所殺。

原鄉右衛門將勘平列入「復仇宣誓詞」的名單內。(這一幕很曲折，但大多與史實不符。)

◆第七幕

佈景是京都、祇園的一力茶室，大星由良之助一個人在那裡優哉悠哉喝茶，同志矢間重太郎等三人找來，要他趕快安排爲主公復仇的事，但大星愛理不理，三人氣不過，裝勢要砍殺大星由良之助。

高師直派了一名間諜斧九太夫前來打探大星由良之助一幫人的動靜，大星裝作不知道，還擺出鏽跡斑斑的武士刀。

大星由良之助正在閱讀大星力彌偷偷送來的信札時，二樓的阿輕用鏡子在偷看，而斧九太夫則躲在地板下偷看。（不久大星退出舞台）

接著阿輕的兄長寺岡平右衛門出現，告知她父親及勘平已死，阿輕想自盡了事，此時大星由良之助奪了阿輕手上的短刀刺向地板下的斧九大夫。

（這一幕情節雖然大部份是架空的，但偷看信札的場景很精彩，可見劇本寫作者的巧思。）

◆第八幕

加古川本藏之妻戶無瀨帶著女兒小浪從鎌倉要前往京都、山科探訪已訂婚的大星力彌。這是路上的場景。

◆第九幕

京都、山科，大星由良之助住處。加古川本藏的妻子及女兒來到此處，表示願和大星力彌成親。但力彌之母阿石極力反對。母女兩人準備自盡。

舞台傳來修行僧的洞簫聲，阿石開口說：「倘若能取得加古川本藏的首級，我家願意大大布施。」然修行僧其實是加古川本藏。大星力彌舉長槍欲刺加古川。

其實這是加古川本藏的苦肉計，他千方百計希望女兒能嫁給大星力彌。加古川本藏將身上密藏的高師直邸宅配置圖文給大星力彌後舉刀自盡。（這是一幕吸引觀眾的好戲，但與史實頗不相符。）

◆第十幕

場景是大阪（堺）的商店——天川屋義平所經營。這家商店負責調配所有復仇行動用的武器、用具。突然來了捕快，但老闆義平並不害怕，還說：堂堂天川屋，不吃這一套！大木箱裡出現了大星由良之助，向義平道歉，表示想試試你是否誠心幫忙。原來捕快是塩冶判官的家臣冒充的。

◆第十一幕

復仇行動的場景。同時從正門、後門進入高師直邸宅內，矢間重太郎將躲藏在柴火間的高師直拖出來，大星由良之助用主公塩冶判官留下的短刀取下首級。

事成後，眾人跪地燒香，接著起身前往塩冶家信仰的光明寺前進。

西元 1748 年第一版之《假名手本忠臣藏》

◇解說：台灣《忠臣藏》

一九九七年，由林榮三文化公益基金會、自由時報社主辦的日本歌舞伎公演，邀請「市村萬次郎歌舞伎團」來台灣演出。九月十二～十四，在台北演出三場，九月十六、十七在高雄演出兩場。

此次在台演出，只表演《忠臣藏》第七幕，即「祇園一力茶屋」這一段。

主要演員爲：

大星由良之助—市村羽左衛門

平右衛門—片岡我當

阿輕—市村萬次郎（男扮女裝）

惟日本歌舞伎乃日本之國劇，淵遠流長。戲劇的欣賞，包含：劇情、演員、旁白、音樂、服飾、布景等均十分考究。尤其是《忠臣藏》，對四十七武士復仇的歷史毫無所悉的外國觀衆，大約只能看看熱鬧而已。

正因爲如此，此次演出的演員雖只十一人，但背後更有龐大的人員配合從事各項工作：

演員：十一人

舞台工作者：

搭建：七人

效果：一人

燈光：三人

衣裳：二人

假髮整理：二人

小道具：一人

導演：一人

音樂組：

竹本：一人

三味線：一人

唱曲：九人

配樂器：六人

演員助理（負責口白）：二人

從上列人數卽可以明瞭：一場歌舞伎必須有相當多各種專長技藝的人員配合演出，才足以完成。

在台北演出的場景（一）

在台北演出的場景（二）

◇表一：戲劇中人物姓名與實際人物對照表

劇中名	實際人名
大星由良之助（良兼）	大石內藏助（良雄）
大星力彌（良春）	大石主稅（良金）
片岡源吾右衛門（高房）	片岡源五右衛門（高房）
原鄉右衛門（元辰）	原惣右衛門（元辰）
織部彌次兵衛（金丸）	堀部彌兵衛（金丸）
近松勘六（行重）	近松勘六（行重）
吉田忠左衛門（兼亮）	吉田忠左衛門（兼亮）
吉田澤右衛門（兼貞）	吉田澤右衛門（兼貞）
間瀨久太夫（正明）	間瀨久太夫（正明）
間瀨孫九郎（正辰）	間瀨孫九郎（正辰）
織布安兵衛（武庸）	堀部安兵衛（武庸）
潮田又之丞（高教）	潮田又之丞（高教）

劇中名	實際人名
富森助右衛門（正因）	富森助右衛門（正因）
赤垣源蔵（重賢）	赤埴源蔵（重賢）
不破數右衛門（正種）	不破數右衛門（正種）
岡野金右衛門（包秀）	岡野金右衛門（秀包）
小野寺十內（秀和）	小野寺十內（秀和）
小野寺幸右衛門（秀富）	小野寺幸右衛門（秀富）
奥田孫太夫（重成）	奥田孫太夫（重盛）
奥田貞右衛門（行高）	奥田貞右衛門（行高）
大星瀬左衛門（信清）	大石瀬左衛門（信清）
木村岡右衛門（貞行）	木村岡右衛門（貞行）
矢田五郎右衛門（助武）	矢田五郎右衛門（助武）
早見藤右衛門（滿堯）	早水藤左衛門（滿堯）
議貝十郎左衛門（正久）	議貝十郎左衛門（正久）
矢間喜兵衛（光和）	間喜兵衛（光延）
矢間重太郎（光興）	間重治郎（光興）
矢間新六（光風）	間新六（光風）
中村勘助（正辰）	中村勘助（正辰）
萱谷半之丞（正利）	萱谷半之丞（政利）

劇中名	實際人名
千葉三郎兵衛（元忠）	千馬三郎兵衛（光忠）
村松喜兵衛（秀直）	村松喜兵衛（秀直）
村松三太夫（高直）	村松三太夫（高直）
岡島彌左衛門（常樹）	岡島八十右衛門（常樹）
大鷲文吾（忠雄）	大高源五（忠雄）
倉橋傳助（武幸）	倉橋傳助（武幸）
佐藤與茂士（教兼）	矢頭右衛門七（教兼）
勝田新左衛門（武堯）	勝田新左衛門（武堯）
前原伊助（定房）	前原伊助（定房）
貝賀彌左衛門（友信）	貝賀彌左衛門（友信）
竹森喜多八（隆重）	武林唯七（隆重）
杉野十平次（次房）	杉野十平次（次房）
千崎彌五郎（則安）	神崎與五郎（則休）
茅野和助（常成）	茅野和助（常成）
（早野勘平）	橫川勘平（宗利）
高武藏守（師直）	吉良上野介（義央）
塩冶判官（高貞）	淺野內匠頭（長矩）
顏世御前	阿久里（淺野長矩妻）

劇中名	實際人名
斧九太夫	大野九郎兵衛
斧定九郎	大野郡右衛門（九郎兵衛子）
桃井若狹之助	伊達左京亮（宗春）
加古川本蔵	伊達家家老某
	梶川與惣兵衛（頼照）
小林平八郎	小林平八郎
藥師寺次郎左衛門	庄田下總守（安利）
	荒木十左衛門
石堂右馬之丞	多門傳八郎（重共）
阿石	大石內藏助妻阿陸
天川（河）屋（義平）	天野屋利（理）兵衛
一文字屋（阿輕）	二文字屋（阿輕）
清水一角	清水一學
早野勘平	萱野三平
服部逸郎	服部一郎
三村次郎左衛門（包常）	三村次郎左衛門（包常）
寺岡平右衛門（信道）	寺坂吉右衛門（信行）
足利左兵衛督（直義）	五代將軍德川綱吉

◇表二：「忠臣藏」舞台劇發展沿革表

年份	舞台劇
1703	《曙曾我夜討》、歌舞伎、江戶
1706	《棋盤太平記》、淨瑠璃、大阪
1708	《福引閏正月》、歌舞伎、京都
1710	《鬼鹿毛武藏鐙》、歌舞伎、大阪
	《鬼鹿毛無佐志鐙》、淨瑠璃、大阪
	《太平記細石》、歌舞伎、京都
	《硝後太平記》、歌舞伎、京都

年份	舞台劇
1732	《忠臣金短冊》、淨瑠璃、大阪
	《大石宮內一代記》、歌舞伎、名古屋
1735	《鐙櫻故鄉錦》、歌舞伎、江戶
	《兼好法師物門》、歌舞伎、名古屋
	《伊呂波軍紀》、歌舞伎、大阪
	《忠臣伊呂波軍紀》、歌舞伎、江戶
1738	《忠臣伊呂波夜討》、淨瑠璃、京都
1740	《豐年永代藏》、歌舞伎、京都
1741	《粧舞者伊呂波合戰》、歌舞伎、大阪
	《塩冶判官故鄉錦》、歌舞伎、江戶

年份	舞台劇
1742	《忠臣以呂波文字》、歌舞伎、江戶
1743	《忠臣伊呂波軍談》、歌舞伎、江戶
1744	《今川忠臣藏》、歌舞伎、江戶
1745	《伊呂波合戰》、歌舞伎、京都
1746	《大矢數四十七本》、歌舞伎、大阪
1748	《假名手本忠臣藏》、淨瑠璃、大阪
	《時代蒔繪忠臣藏》、歌舞伎、京都
	《假名手本忠臣藏》、歌舞伎、大阪
1749	《假名手本忠臣藏》、歌舞伎、江戶
	《忠臣藏後日在難波》、歌舞伎、江戶

年份	舞台劇
1759	《難波丸金雞》、淨瑠璃、大阪
1764	《伊呂波歌義臣鑒》、淨瑠璃、大阪
1766	《太平記忠臣講釋》、淨瑠璃、大阪
1773	《伊呂波藏三組盃》、淨瑠璃、大阪
1775	《忠臣伊呂波實記》、淨瑠璃、江戶
1825	《東海道四谷怪談》、歌舞伎、江戶

註：「文樂」、「人形淨瑠璃」係大型人偶戲，一人操作一個，背後有覆面負責旁白的一個人。而「淨瑠璃」則是一種謠曲。

五、半日掃苔[1]（三田村鳶魚）

在流傳三百年的「忠臣藏」故事之中，大多日本人幾乎一面倒的支持和同情四十七武士（或許也包含淺野長矩）。二十世紀上半期，專研江戶時代歷史的三田村鳶魚，在他的著作之中，有一部份作品似乎站在中立的立場。本書翻譯兩篇文章以供讀者參考。

在我披露了有關吉良義央的文字以後，三河地區有讀者來函，指出：吉良所築的堤防是爲「黃金堤」。

「黃金堤」位於橫須賀村大字瀨戶字黃山、以及同村大字岡山字背撫山之間，自黃山而斜向西南，長度是百間三尺（二百零一公尺）。工程完成於貞享三年（西元一六八六年、清康熙二十五年）九月。當時因爲有反對聲音，吉良義央遂毅然漏夜完工。

其時，偶然有一詩人（日本傳統短歌）寄宿於附近之華藏寺，於是賦詩一首：

不知今何夕／遙遙碧空之月影／離離又合合／一片寂靜悄悄中／海闊天空竟無雲

彼時華藏寺天英和尚乃是第四任住持，與吉良義央正是「敵友」。天英和尚頗爲倜儻風流，對建築工程亦稍有涉獵。而其人之文藻，在吉良義央捐贈之銅鐘中所刻之銘文中卽可知悉水準之高下。

「富田新町」乃是指保定村大字小山田四方形的九十八町八畝十步[2]的一塊土地。

根據史料〈青鳥山鎮守七面大天女緣起〉，元祿元年（西元一六八八年），吉良義央夫人罹病，施以醫藥仍無起色。某夜裡，夢中有一美貌童子前來告知：「夫人醫藥已無效、若思卽時康復，應至甲斐國（今山梨縣）身延，祈求七面大明神賜福保佑。我乃七面大天女之使者也！」

於是，次日卽前往久遠寺參拜，並許願：如能康復，一生供奉，不敢食言；並立刻開墾一千石之新田供養佛寺。十七日間，不斷參拜七面堂，又供奉日蓮上人弟子日法和尚所刻之七面天女像；並整治「富好新田」。以「七面祠」開山於元祿二年五月推測，則新田之土木工程勢必已在元祿元年完成。

此項工程之開支，大抵由夫人（名「富子」）自娘家（上杉家）獲得的嫁粧之剩餘款支出，並且盡量依照富子夫人的指示進行整田工程，因此而命名「富好新田」。

吉良義央之妻富子乃上杉景勝[3]子上杉定勝之女。史料記載：

> 寶永元年（西元一七〇四年、清康熙四十三年）逝世於上杉家白金村之官舍（現芝區白金三光町），葬於武州澀谷（今澀谷區）東北寺。

余據此史料至下澀谷查詢，確有禪河山東北寺。此佛寺與岡山華嚴寺係同宗同派（臨濟宗妙心寺派），推測起來十分符合常理。經請求住持和尚找出古老記錄，其中有幾條：

◆生善院殿慶嚴榮餘尼公、上倡公室，綱憲公養母—寶永

1：「掃苔」，「掃墓」或「古墓巡禮」的意思。

2：一步—約三．五平方公尺、一畝—九十九平方公尺、一町—九九一〇平方公尺。

3：上杉景勝（西元一五五五～一六二三年），日本戰國時代武將，曾在豐臣秀吉指揮下遠征朝鮮半島，後投效德川家康，成為「大名」。

三年八月十七日。

◆梅嶺院殿清巖榮昌尼大姉、吉良上野之助殿室、寶永元年八月十七日。

◆淨光院殿心月智空大姉、上野之助殿娘、元祿元年八月二十日。（「娘」——女兒）

然而在許多墓碑之中也有上杉綱勝夫人春子（保科正之的女兒）的一支。（上杉綱勝是景勝之孫、定勝之子）

依寺僧所言，明治時代初期，所有墓園大抵無人聞問，近來（昭和中期）則有上杉家、津輕家的後人來捐獻「回向料」。依所謂「津輕家」，亦即上野之助之二女兒（淨光院）。依照《吉良家系圖》，可知，「阿久里、采女正、津輕信房妻，貞享四年（西元一六八七年）九月四日成親，貞享五年八月二十日歿，佛法名：「淨光院殿心月智空大姉」」。而貞享五年改元「元祿」，可是婚後一年即去世。據寺僧言、此女也是在上杉家官舍去世，並在該寺營葬；而津輕家爾來一直十分重視。如此，是否產後患病在上杉家官舍中療養中病歿？

淺野長矩夫人，「忠臣藏」中的「顏世御前」乃是因幡守淺野長治之女，名「阿久里」，偶然與吉良義央之二女兒同名，此亦為歷史上一項趣事。

行程轉向白金三光町（舊名今里村卒古台）、抵達大雄山興禪寺。此寺專屬上杉家女眷之墓所，亦屬妙心寺派。上杉綱憲養母春子送至東北寺安葬，此處只留名在〈過去帳〉而已。佛法名、身歿年月日均無誤。對照兩佛寺之記錄，以及〈保科家系圖〉中的「春、上杉綱勝妻，萬治元年七月二十七日歿」，則有顯著差異。在佛寺記錄中，除卒年月日以外，記錄中的「萬治元年」乃是上杉綱勝遇害前六年，似乎不足採信。又提及綱勝夫人生前剃髮，並命名為「生善院」這些似乎宜採信佛寺之記錄。而春子、富子兩人在佛法名之中都有一個「尼」字，這足以證明兩人生前剃髮之事實。

興禪寺上杉家墓園中有一墓碑，上面刻有：「心空院殿寥雲貞清尼公大姊、寶永五年（西元一七〇八年）九月二十五日」。近年來，上杉家舉辦法會時，因佛寺的「過去帳」有文字記載，每年的法會如何處理，起先頗多猶豫，後來才決定一併舉行。

當初上杉家與吉良家斷絕關係後，兩家已不相往來，其中包括書信、文書類在內，足見其中忌憚之深。

究竟此人係何方人氏？前不久，到牛込築土八幡町萬昌院調查，立有牌子，上面姓名是：

靈性院殿實山相公大居士
寶燈院殿岱岳徹宗大居士
本智院殿即岸淨空大居士
圓關院殿妙觀日游大姊

其中，「實山相公」乃吉良義央，「岱岳徹宗」是吉良義周。另兩人之「卽岸淨空」是吉良義央之次子吉良三男，延寶六年（西元一六七八年）出生，貞享二年（西元一六八五年），八歲時夭折。〈吉良家系圖〉中有記載。

萬昌院歿年不詳，也無墓碑。

「妙觀日游」大約是吉良義央家旁支的族人；然文字記錄闕如，又無墓碑，難以判斷。不過，以吉良的長女、次女均有于歸，家中只剩三女兒一人，在〈家系圖〉中記載：「菊、主膳酒井忠平妻，元祿四年（西元一六九一年）七月五日訂有婚約，但未正式成親卽病歿、婚事中止。」而其佛法名不屬禪宗習俗，乃係日蓮宗之命名習慣。由於生母（富子）在元祿元年卽崇信身延山七面女神，所以女兒早逝時，卽有在日蓮宗佛寺舉辦葬禮的可能性。

總之、吉良義央數名女兒之中，在上杉家墓園立有墓碑者，可以推測只有長女鶴子一人而已。依〈吉良家系圖〉所記載：「鶴、薩摩守松平綱貴妻，後年離緣。」而在〈上杉家系圖〉中記有：「女、薩摩守松平綱貴妻、乃吉良義央之女、延寶三年乙卯（西元一六七五年）二月十八日嫁松平綱貴」。其實，鶴子乃是以上杉綱憲之女的名義嫁至薩州（今鹿兒島）。在赤穗武士復仇事件後，上杉家與吉良義央斷絕任何義理關係，鶴子也爲避人耳目而回到上杉家。

其餘枝節，實罄竹難書。寺中濃煙嗆人，掩鼻難聞。吾既已難耐，恐亦遭人嫌棄。針對吉良義央之一切來龍去脈，只約略摘記如上。

（三田村鳶魚，〈半日掃苔記〉，收入：《三田村鳶魚全集》第十六卷，一九七五年十一月，中央公論社出版。）

六、復仇事件當晚之小林平八郎（三田村鳶魚）

赤穗浪士[1]在攻入吉良邸宅時，其中來自上杉家的部下小林平八郎（平央通）奮力抵抗以死守吉良家。過去有此傳聞。事實上，這完全是錯誤的傳聞，而且錯得離譜。此外，不知由何處傳說開的，指出小林平八郎是吉良義央夫人（富子）的隨身侍從。

另外一個問題，事實上，來自上杉家到江戶、本所吉良義央邸宅負責保護的有幾個人呢？保護夫人的有一名武士、「中小姓」（位階稍低）一人；吉良義周的隨身侍衛有一人，「中小姓」三人，也就是總共六人。

前些年執筆寫《元祿快舉別錄》時，居然被千坂兵部的後人千坂高雅擺了一道——上當了。

查考一下史料，米澤家的江戶「家老」千坂太郎左衛門（正名：高房，原名：兵部）在元祿十二年（西元一六九九年）四月二十三日退隱，由其子兵部尚親在同一天繼承其職位。而千坂兵部尚親之就任武士頭銜乃是寶永四年（西元一七〇七年）十一月三十日。此人自元祿十二年（西元一六九九年）起，至寶永四年之間並無任何正式職位，而居住在米澤。赤穗浪士之攻入本所事件前後，當時「家老」是色部又四郎（名：安長）。

但世間流傳當時上杉家帶頭在吉良義央邸宅保護的是千坂兵部尚親，這完全牛頭不對馬嘴（當時他人在米澤），可是「講談」（說書）和舞台劇，卻完全把傳說的話當眞，變成一錯再錯。

實際上，上杉家根本沒有想到赤穗浪士會來攻擊；當然也就沒有預作準備。當晚的攻入吉良宅事件，只能說是一次意外事件。倘若說，這是上杉家的粗心大意，還不如應該指出當時武士士氣普遍低落，一般武士只是爲了混口飯吃而已。爲亡故的主公、不惜犧牲性命，這簡直沒人會相信。當時米澤藩侍醫矢尾板三印在一封信函中指出：頂多安排二十名「足輕」（低

1：筆者在內文中均以「武士」稱呼參加復仇事件之四十七人。此處係譯文，依原作者之稱謂。

階人員）守護，就不會有大不了的事囉。

米澤藩的一名幹部野本忠左衛門在信札中也只提到山吉新八、新貝彌七郎兩人而已。此兩人是負責保護吉良義周的；另一人則是村山甚五左衛門，共三人。

吉良義周原是上杉綱憲（米澤藩主）的次子，到江戶成為吉良義央的養子以便繼承，改名吉良左兵衛（義周）。血緣上，義周乃是義央之孫。

當晚四十七浪士夜襲行動中，新貝彌七郎迎戰中，寡不敵衆而陣亡，山吉新八則帶傷逃走，日後成為世間的笑柄。

新貝彌七郎乃是喜兵衛之次子，是「御小姓」，食俸三兩。山吉新八是七郎左衛門之次子，並無俸祿。

四十七浪士復仇行動的當天晚上，在吉良邸宅內迎戰來自上杉家的只有山吉、新貝和村山三人。

有關吉良義央夫人（富子），她乃是上杉綱勝之妹，因此上杉家配備有一名食祿二百石的武士和一名「中小姓」人員。可是，富子夫人自元祿十四年（西元一七〇一年）十二月開始，居住在娘家米澤藩位於白金的官舍，並沒有在本所。這是因為當時吉良義央申請退休而退還鍛冶橋的官舍，準備搬遷至新分配的本所去，而本所的房舍正在整修中，所以富子夫人只得暫住娘家，沒有在本所的家中。

當時富子夫人不在，而義子左兵衛（義周）尚未娶親，所以邸宅內並無女性成員。當然，住在偏棟的一些部下，也許也有妻子、女兒同住的；但是赤穗浪士的攻擊目標是吉良義央，偏棟的這些人並非他們加害的對象，所以後來曾提到當晚沒有看見有婦女出現。

日後的調查紀錄是當天身亡者十六人、受傷者二十三人，對照米澤方面的記錄，可知除了上述三名以外，沒有其他人員。

有關吉良夫人（富子）以及吉良義周的護衛，乃是當時武士社會的慣例，由娘家（生家）派遣侍從人員。因此而擴大指責是上杉家「武裝保護」，乃言過其實。總之，就當天邸宅內人數而言，並無不正常現象。

針對以訛傳訛的傳聞，人世間卻深信不疑，似是而非。連米澤當地許多人也認爲小林平八郎是上杉家的部屬。前些年，一位名叫小林源藏的當地人出來競選衆議員時，聽說他一再澄清自己並非小林平八郎的後代。（以免有負面形象）

進一步再來探討吉良夫人（富子）隨從人員的工作時期；這是根據《代徭集》的資料作成的：

◆淺間五郎兵衛：自萬治元年（西元一六五八年）五月

十五日，至寬文三年（西元一六六三年）七月七日。

◆額田覺兵衛：寬文三年（西元一六六三年）十一月十五日任命，翌年二月公差時騎馬失事退役。

◆原理右衛門：自寬文四年（西元一六六四年）八月四日，至寬文七年（西元一六六七年）八月二十三日。

◆靜田彥兵衛：自寬文七年（西元一六六七年）八月二十三日，至延寶八年（西元一六八〇年）七月八日。

◆島津源太左衛門：自延寶八年（西元一六八〇年）七月二十二日，至天和二年（西元一六八二年）十二月十七日。

◆山岸彌一郎：自天和二年（西元一六八二年）十二月二十一日，至寶永元年（西元一七〇四年）八月八日。

前後共有六人，但其中並無「小林平八郎」這個名字。而「中小姓」也經常更換，其中查出這些人：大鳥彌惣兵衛、額田安左衛門、石田宗八郎、佐藤仁左衛門、西方一郎右衛門、種村小兵衛、山下九郎次郎。

再根據米澤藩的《御家中諸士略系譜》查考，其中有姓小林的，但並無平八郎。當晚，棄刀逃走的吉良義周之隨從村山甚五左衛門的名字赫然在名簿上。若是小林平八郎是米澤藩的

武士，難道名字被刪除了？事實上，自稱「小林平八郎」的人，乃是吉良義央的家臣。（並非上杉家的）

受到突襲的吉良宅這些人，完全沒有警覺心，面對敵人，一下子丟光了武士的面子。儘管人人身邊都有長短兩刀，其中堂堂正正抵抗的只有四、五人而已。

「趁月夜不太明亮時分，既無月光，又無燈火，因此在現場不辨敵我；而乘機想溜之大吉的武士，假裝成下人。其被捕者，又虛應故事……」（引用《易水連袂錄》）

是日吉良家家臣十分狼狽，竟假裝成下人以逃過敵方砍殺。又在《鹽井文書》中，駐守在江戶的上杉家武士寫給米澤同僚的信函中，有以下這些敍述：

「（當晚）在本所（吉良宅）值勤者，其中又以經管雜物的一人，被問起是擔任何種職務時，回答：『本人經管蠟燭、茶點等。』敵方命令速找出蠟燭，否則格殺勿論。於是惶恐的獻上蠟燭，並說明房舍的分佈，甚至呈上點心零食。」

當時，這些人之中，獻出蠟燭時，甚至送上茶點零食。這些舉動似乎是下人，事實上並非如此；當時吉良邸宅內只有兩名食祿一百五十石的武士，那就是小林平八郎、齋藤宮內。以下是前文的繼續：

「本所的一名老家臣齋藤宮內，從躲避的小屋走出來，敵方大聲喝止：汝是何人？吾將取你首級。結果，竟縮頭縮尾的說：小的只是個下人。由於看起來確實像個下人，敵方也就放他一馬。此人又走入房子內取出香煙呈給敵方人員。」

對敵方獻上香煙，簡直是把攻入吉良宅的浪士當作賓客；而所謂這些人的「忠義」，簡直無法理解。《易水連袂錄》又有以下記述：

「附近又有一個人，嚇得上下發抖，還說：承蒙慈悲、同情不殺。於是兩把刀（武士身上配有長刀、短刀）丟在地上。甚至帶領敵方人員先一步進入主公的臥室。」

這一段故事，到今天還在米澤地區流傳：村山甚五左衛門，出事的當晚棄刀逃走！實際上，村山是上杉家派來保護吉良義周的重要部下。

在《鹽井文書》中也記載著：

「義周大人（左兵衛）命令須藤與一右衛門、山吉新八兩人抵擋敵人。義周大人則無恙。」

另外，在野本忠左衛門的書函中也提及：（野本是上杉家駐守江戶的部屬）

「（當時）山吉新八可以迎戰，而新貝彌七郎有所不便，因他的十文字槍的槍穗留在長胴內，不好使用。」

接著又提到：

「義周大人隔壁房間睡有兩人，兩人均躺著裝死，一同躺在枕頭上。」

此時，來自上杉家、負責保護吉良義周的三名「中小姓」之中，赤穗浪士攻入時，村山被迫帶路，當場嚇得不能言語，但新貝彌七郎則堂堂正正戰死。山吉在奮力抵抗下身受重傷。身體恢復健康以後，追隨主人吉良義周被流放到信州諏訪（今長野縣）。並目睹主人之身亡。

之後，藩主提升他職位，並賞賜二百石俸祿。

「來自上杉家」一語，聽起來很神氣；然而年收入只有三兩的「中小姓」，生活並不好過。

吉良家位子較高而殉職的只有小林平八郎一個人。在本所那次戰鬥中，小林率先迎戰，隨後再加入新貝、山吉。當晚最爲勇猛的是小林平八郎。在後來流傳的故事中，他是一名光榮的武士。然而小林平八郎並非來自上杉家；來自上杉家的是新貝彌七郎、山吉新八兩人，而這兩人遠不及小林平八郎。在大熊彌一右衛門（駐江戶的上杉家武士）的一封書信中，提及當

1830年，大判錦繪（攻入吉良宅）

晚小林平八郎的遭遇：

「從小房子正要走出來時，不巧被敵方人員捉住，被喝令帶路去找吉良義央臥房。小林回答：小人只是個小兵，並不知道主公臥房所在。接著被砍下首級。」

當天，小林一刀都沒施展出來，回答敵方：「不知道。」但對方看出小林穿的是絲織品（絹布），認爲他並非下人，沒有說實話，所以砍殺了。

（節譯自：三田村鳶魚：〈當夜の小林平八郎〉。收入《三田村鳶魚全集》第十六卷。一九七五年十一月，中央公論社出版。）

葛飾北齋所繪，攻入吉良宅邸圖

七、《假名手本忠臣藏》劇照

〈大序〉劇中人物呈現在舞台上。布幕拉開前，先有笛聲、柝聲……

〈大序〉左起：若狹之助、判官、高師直

〈大序〉高師直與顏世御前

〈第三幕〉判官刀傷高師直後被衆人勸阻

〈第四幕〉判官奉命切腹，左方伏地者爲大星由良之助，右方坐者爲石堂右馬之丞

〈第四幕〉判官遺體移入轎子內，顏世御前爲他燒香
顏世左側爲大星力彌，最左者爲大星由良之助

春風三十度
空憶武昌城
送爾難為別
銜杯惜未傾
湖連张樂地
山逐泛舟行

〈第九幕〉左起：虛無僧、小浪、戶無瀨

請以雙白璧
買君雙白鷴
白鷴白
白雪
照影玉潭裏
刷毛琪
夜棲寒月靜
朝步落

〈第九幕〉本藏、小浪、由良之助，以及力彌、阿石，背景是李白詩

〈第十一幕〉塩冶浪士一行人成功復仇後，在兩國橋稍事休息